PREMIERS ÉLÉMENTS

D'ÉCONOMIE POLITIQUE

(ÉCONOMIE SOCIALE)

PAR

LUIGI COSSA

Professeur à l'Université de Pavie

Traduit sur la onzième édition

PAR

ALFRED BONNET

PARIS

V. GIARD & E. BRIÈRE

LIBRAIRES-ÉDITEURS

16, rue Soufflot, 16

1902

PREMIERS ÉLÉMENTS

D'ÉCONOMIE POLITIQUE

(ÉCONOMIE SOCIALE)

PREMIERS ÉLÉMENTS

'ÉCONOMIE POLITIQUE

(ÉCONOMIE SOCIALE)

PAR

LUIGI COSSA

Professeur à l'Université de Pavie

———

Traduit sur la onzième édition

PAR

ALFRED BONNET

———

PARIS

V. GIARD & E. BRIÈRE

LIBRAIRES-ÉDITEURS

16, rue Soufflot, 16

——

1902

PRÉFACE

DE LA ONZIÈME ÉDITION ITALIENNE

Le bienveillant accueil fait à ce petit ouvrage (traduit en français (1), allemand, russe, polonais, espagnol, portugais et japonais) et la vente rapide des précédentes éditions m'encouragent à en publier une *onzième* édition, que M. L. Cossa a tâché de rendre plus digne de la faveur dont il jouit auprès de ceux qui s'intéressent aux études économiques. L'auteur a fait lui-même une révision générale de l'ouvrage, ajouté un chapitre sur la *population* et complété la *bibliographie*. M. Emilio Cossa, son fils, a bien voulu s'occuper de cette nouvelle édition (2) ; il a mis

(1) D'après la huitième édition, par Louis Paoli et Charles Gide, Paris, 1889.

(2) M. Luigi Cossa, né à Milan le 22 mai 1831, est mort à Pavie le 10 mai 1896.

1

à jour la bibliographie et apporté quelques modifications, qu'il a jugées utiles, à la *notion* et
aux *limites* de la *consommation*.

Milan, décembre 1898.

L'ÉDITEUR.

PRÉFACE

DE LA PREMIÈRE ÉDITION ITALIENNE

———

Le petit livre que je recommande à l'indulgence du public rencontrera probablement deux sortes de critiques.

Les uns, considérant son excessive brièveté et son extrême aridité, n'y verront qu'une compilation tout-à-fait inutile et peu digne de la chaire que j'occupe.

Les autres, au contraire, moins nombreux mais certainement plus compétents, me trouveront très hardi d'avoir voulu résumer en quelques mots les éléments encore controversés d'une science si ample et si complexe.

Je dirai à ces derniers, — et ce sont les seuls auxquels je veuille répondre, et que je ne crois pas pouvoir convaincre entièrement, — que l'utilité d'un tel *résumé*, qui manquait jusqu'ici dans notre langue, malgré le grand nombre de traités d'économie politique, autrement compris et écrits dans d'autres vues, et le désir d'offrir un complément doctrinal aux lecteurs de mon *Guida allo studio dell' economia politica*, et enfin l'expérience que je dois certainement avoir acquise dans mes longues années d'étude et d'enseignement, peuvent excuser cette tentative et plaider en faveur de ce travail.

Si quelque juge autorisé et consciencieux voulait bien, tout en restant dans les limites dans lesquelles ce petit ouvrage doit être maintenu, ajouter à ses critiques purement négatives quelques indications précises sur les erreurs et les lacunes qu'il a rencontrées, je serais très heureux de tenir compte de ses observations, si je devais, ce que j'ose croire n'être pas improbable, préparer une seconde édition.

Pavie, août 1875.

L. C.

PREMIÈRE SECTION

Notions préliminaires

CHAPITRE PREMIER

NOTION ET LIMITES DE L'ÉCONOMIE POLITIQUE

Les faits relatifs à l'*activité humaine* dirigée vers l'acquisition et l'usage des *richesses* forment l'objet de deux groupes distincts de *théories* : la *technologie*, d'une part, qui étudie ces faits au point de vue *physique* (objectif), c'est-à-dire dans les *processus* de fabrication des différents produits ; l'*économie politique*, d'autre part, qui les étudie au point de vue *moral* (subjectif), c'est-à-dire dans les *relations* qui en résultent entre les hommes réunis en société civile.

L'*économie politique* (qu'on appelle aussi économie publique, civile, nationale, des peuples et des États, ou encore chrématistique, catallactique, chrysologie, ploutologie, ergonomie) est la *théorie de l'ordre social des richesses.*

Elle se distingue de l'*économie privée*, qui étudie l'organisation *administrative* de la famille (économie *domestique*) et celle des *entreprises* productives (économie *industrielle*).

Le *rôle* de l'économie politique est double. Elle recherche la *nature*, les *causes* et les *lois* de l'ordre social des richesses, et elle fournit des *principes directeurs* à l'activité économique des *corps politiques.*

De là la distinction entre l'économie politique *rationnelle* ou *abstraite* (science) et l'économie politique *appliquée* ou *concrète* (art), qui ont pour *but* commun la prospérité générale.

Il faut distinguer de la *théorie* (qui comprend la science et l'art) la *pratique* (action), qui se sert des *vérités* de la science et des *principes* de l'art pour les combiner avec les données de l'*expérience.*

La science, l'art et la pratique se complètent mutuellement et il est inexact de penser que l'un d'eux puisse remplacer les autres. La science *explique* ; l'art *dirige* ; la pratique *exécute.*

Dès qu'on néglige l'un ou l'autre de ces éléments, on tombe dans l'*utopie* ou dans l'*empirisme.*

Sont inexactes, parce qu'elles assignent à l'économie politique un *objet* trop vaste ou trop restreint, ou parce qu'elles n'en marquent pas exactement le *but*, toutes les *définitions* qui la présentent comme la théorie de la *civilisation,* de l'*utile*, du *confort*, du *bien-être* physique ou matériel, de l'*intérêt personnel*, des *besoins* et de leur satisfaction, de l'*industrie*, du *travail,* de la *richesse*, de la *valeur*, de l'*échange*, du commerce, de la *propriété* (1).

(1) Les matières esquissées dans ce chapitre, et dans les trois chapitres suivants, ont été longuement développées dans mon *Introduzione allo studio dell'economia politica*, Milano, Hoepli, 1892 ; trad. franç. par Alfred Bonnet sous le titre : *Histoire des doctrines économiques*, Paris, Giard et Brière, 1899.

CHAPITRE II

L'économie politique *rationnelle* explique les *phénomènes* de l'ordre social des richesses ; elle peut par conséquent s'appeler *économie sociale.*

L'économie politique *appliquée* s'occupe des *normes* applicables aux fonctions économiques des différents corps politiques ; elle peut par conséquent s'appeler *politique économique*, parce qu'elle est à la fois la partie politique de l'*économie* et la partie économique de la *politique*, c'est-à-dire de la théorie du *gouvernement* des affaires publiques.

L'économie politique appliquée comprend :

1° La politique *économique* (au sens étroit du mot), c'est-à-dire les normes relatives à l'*intervention* des corps politiques (État, Département, Commune) en ce qui concerne les richesses *privées*.

2° La politique *financière* (science des finances), c'est-à-dire les normes relatives au bon gouvernement du *patrimoine public*.

L'économie sociale et la politique économique au sens étroit se subdivisent en quatre parties : la *production*, la *circulation*, la *répartition* et la *consommation*, qui sont les aspects divers, bien que nécessairement connexes, sous lesquels se présentent les phénomènes de la richesse.

Certains économistes (les plus anciens) ne font pas de la circulation une branche distincte ; d'autres placent la répartition avant la circulation ; d'autres encore commencent par la théorie de la *valeur* ; d'autres enfin par celle de la *consommation*, que quelques-uns suppriment, et que d'autres subordonnent à la théorie de la production ou à celle de la répartition.

L'économie *sociale* rencontre de graves difficultés dans l'imperfection de sa *terminologie*, qui comprend des mots qui ont plusieurs significations ou que l'on emploie, sans grande précision, dans la langue courante. L'économie *appliquée* est mal vue par les personnes et par les classes qui redoutent les *réformes* qu'elle propose, ou qui souhaitent des révolutions qu'elle combat. Elles sont toutes deux victimes, enfin, de l'intrusion des *dilettanti*, qui sont pour l'économie ce qu'ont été les astrologues et les alchimistes pour l'astronomie et pour la chimie.

L'économie politique est une matière digne d'étude par l'importance *théorique* de son objet, et un puissant instrument de civilisation par l'utilité *pratique* de ses théories, soit dans la vie *privée*, notamment pour les entrepreneurs, les propriétaires, les capitalistes, les ouvriers, soit dans la vie *publique*, en particulier pour ceux qui, soit *directement* (magistrats, membres des corps délibérants, consultatifs, administratifs), soit *indirectement*, en vertu des droits d'association, de réunion, de pétition, et par la presse, exercent une influence quelconque sur le gouvernement de la chose publique.

Bien qu'elle s'occupe d'*intérêts matériels* et qu'elle soit fondée sur l'hypothèse de l'importance prédominante de l'*intérêt personnel* et sur celle de la *libre concurrence*, l'économie politique ne défend, ni le *matérialisme*, ni la *morale utilitaire*, pas plus qu'elle ne préconise en toute occasion la *liberté économique illimitée*. S'il en était ainsi, elle franchirait les limites de sa compétence, soit comme *science*, soit comme *art*.

CHAPITRE III

L'économie politique est une *science*, parce qu'elle étudie des phénomènes connexes, sur lesquels elle base des *prévisions*, qui ne sont pas applicables aux faits *individuels* et *libres* de l'homme, mais qui sont certaines pour les faits *généraux*, tout autant que celles de certaines sciences physiques.

L'économie politique n'est cependant ni une science *physique*, ni une science *biologique*, ni une science *psychologique*, comme le prétendent tous ceux qui confondent les prémisses de l'économie avec son objet. Elle est une science *morale*, parce qu'elle s'occupe de l'*homme* en tant qu'il *sent*, *pense* et *veut*, et elle fait partie du groupe des sciences morales que l'on appelle *sociales* et *politiques* parce qu'elles étudient non pas l'homme *isolé*, mais les relations des hommes en tant que membres de la société *civile* et de la société *politique*.

Elle ne se confond ni avec l'*éthique* (science

des vertus, c'est-à-dire des devoirs *absolus*), ni avec le *droit* (science du *juste*, c'est-à-dire des devoirs *coercitifs*), ni avec la *politique générale*. L'importation tant vantée de l'élément *éthique*, de l'élément *juridique* et de l'élément *politique* dans le domaine de l'économie *rationnelle* ne l'a pas ennoblie, mais bouleversée.

Bien qu'elle soit appelée à faire partie d'une future *science sociale*, qui étudiera la société civile au point de vue *intellectuel* et *moral* et non pas seulement au point de vue *économique*, l'économie politique, déjà riche de plusieurs conquêtes, doit défendre son *autonomie* propre contre les synthèses ingénieuses mais hasardées de la *sociologie*, encore dans un état embryonnaire.

Dans les limites de son propre domaine, l'économie *sociale* est une science à la fois *morphologique* et *étiologique*, parce qu'elle étudie l'ordre social des richesses dans son *essence*, dans ses *causes* et dans ses *lois*, c'est-à-dire dans ses *relations générales* et *abstraites*, à la différence de l'*histoire* et de la *statistique* économiques, qui sont des sciences *concrètes*, narratives ou descriptives de faits *particuliers* et *variables*.

Cependant l'économie fournit à l'*histoire*, à la *statistique*, à la *morale* et au *droit* une aide très importante, et de son côté elle s'appuie sur la *psychologie*, la *politique*, la *technologie* et la *logique*.

La *méthode* de l'économie sociale est en partie *déductive*, en partie *inductive*.

Par la méthode *déductive* (qu'il ne faut pas confondre avec la méthode *métaphysique*, basée sur des hypothèses *arbitraires*), en partant de certaines prémisses *physico-psychiques*, évidentes ou démontrées par d'autres sciences, on arrive à la découverte des lois les plus *générales* de l'économie sociale, et notamment des lois de la *circulation* et de la *répartition* des richesses.

De telles lois, *scientifiques* et non pas *positives*, *sociales* et non pas *physiques*, *rationnelles* et non pas *empiriques*, expriment la *tendance* constante de certaines *causes* à produire certains *effets*, ce qui, d'ailleurs, ne justifie ni le *fatalisme* des *optimistes*, ni celui des *pessimistes*, parce que l'homme peut *modifier*, dans certaines limites, les *conditions* dans lesquelles ces lois entrent en action.

Mais comme, en dehors des causes que la déduction *isole mentalement*, agissent d'autres causes *perturbatrices* du raisonnement abstrait, les *résultats* auxquels on aboutit sont simplement *hypothétiques*, et ils ne suffisent pas à expliquer la nature complexe des phénomènes *réels*.

Aussi est-il nécessaire de perfectionner la méthode déductive par l'intervention de nouvelles *hypothèses*, et d'avoir recours également à l'*induction*, afin d'arriver à quelques-unes des lois relatives à la *population*, à la *production*, à la *consommation* et même pour établir certains principes secondaires (*axiomata media*).

Plus souvent encore qu'à l'*induction qualitative* (individuelle, historique et comparée), on aura recours à l'induction *quantitative* (statistique) qui, par l'*observation systématique* de masses de faits *homogènes* et commensurables, arrive à éliminer les *causes accidentelles* qui influent sur les faits purement *individuels* et permet ainsi de découvrir certaines *régularités* (ou lois) *empiriques*, c'est-à-dire liées à certaines conditions de *temps* et de *lieu*, très importantes elles aussi pour l'interprétation des phénomènes économiques.

BIBLIOGRAPHIE

L. Cossa, *Introduzione allo studio dell' economia politica*. Milano, 1892 (et les ouvrages cités dans la *partie théorique*).

J. v. Gans-Ludassy, *Die wirthschaftliche Energie*. 1ʳ Theil. Iena, 1893.

Ad. Wagner, *Grundlegung der politischen Oekonomie* (3ᵉ Auflage, 1ʳ Theil). Leipzig, 1893.

D. Berardi, *Sul carattere induttivo nell' economia politica*. Bologna, 1894.

C. Supino, *Il metodo induttivo nell' economia politica*. Torino, 1894.

E. Cossa, *Il metodo degli economisti classici*, etc. Bologna, 1895.

H. Dietzel, *Theoretische Socialökonomik.* 1ʳ Band. Leipzig, 1895.

O. Jäger, *Aufgabe und Methode der National-ökonomie (Zeitschrift für Volkswirthschaft.* 4ʳ Band, 4ʳ Heft. Wien, 1895).

CHAPITRE IV

En tant que *science* autonome, distincte des autres sciences *philosophiques* et *sociales*, et ayant acquis une action sur la *pratique*, l'économie politique ne remonte pas à beaucoup plus d'un siècle.

Dans l'*antiquité*, l'ascétisme *religieux*, les *castes*, le *despotisme* théocratique et militaire (Orient), les systèmes *philosophiques*, l'esprit de *conquête*, le mépris des *arts* et du *petit commerce*, abandonnés aux *esclaves*, la toute puissance de l'*Etat*, idéalisée dans la *République* de Platon (429-348 a. C.), ont été autant d'obstacles à la constitution de l'*économie politique*, dont nous trouvons des *fragments* cependant dans les ouvrages *classiques* d'*histoire* (Thucydide), d'*économie domestique* (Xénophon), d'*agronomie* (Caton, Varron, Columelle), de *philosophie* (Cicéron), de droit (*Corpus Juris*).

Le *précurseur* de l'économie moderne est Aristote (384-322 a. C.), qui règne en maître dans les *écoles* du moyen âge. Il admet une science de la *richesse*, auxiliaire de l'*éthique* (Chrématistique) ; il a des idées exactes sur la *valeur*, sur la *monnaie* et sur la légitimité de l'*impôt* ; il a des idées inexactes sur le *capital* et sur l'*intérêt* ; il défend faiblement l'*esclavage* et il combat vigoureusement le *communisme* de Platon.

Après la diffusion du christianisme, qui exalte le *travail libre*, après la disparition de la *féodalité*, l'émancipation des *Communes*, la renaissance des *manufactures* dans les *corps de métiers* et l'ouverture, après les Croisades, de nouvelles *routes commerciales*, — les *institutions* économiques des Flandres, de la Hanse Teutonique, et notamment celles des florissantes républiques italiennes, précèdent et dépassent le développement *scolastique* des *théories*. Celles-ci trouvent leur expression dans les œuvres de *théologie morale* (de usuris, de contractibus, de restitutione, etc.), de *politique* (de regimine, de institutione, de eruditione Principum), de *droit civil* et de *droit canonique* (gloses, conseils, réponses, décisions, sommes, traités, etc.). Il faut signaler : au xiiie siècle, Saint-Thomas d'Aquin (1226-1274), l'ange de l'école ; au xive, les français Gerson, Buridan et Oresme pour leurs théories de la *valeur* et de la *monnaie* ; au xve, les *théologiens*, Saint-Antonin, Saint-Bernardin, Gabriel Biel, et les *politiques*, Patrizi et Carafa ; ce dernier a été, avec Pontano, l'inspirateur et l'apologiste des *réformes* tentées à Naples par les *Aragonais*.

Au début de l'*ère moderne*, l'opposition qui existe entre les besoins de l'industrie et la *prohibition* de l'*intérêt* (*usura*) donne naissance à de vives polémiques sur les *changes*, les *cens*, les *sociétés*, les *monts-de-piété* (*sacrés* et *profanes*), entre les *dominicains*, les *augustiniens* et les *franciscains* d'Italie, les premiers s'étant constitués les adversaires de ces nouvelles *institutions de crédit*, que les seconds et plus encore les derniers sont portés à défendre. Peu après on discute (en Hollande et en Espagne) le problème de l'*assistance*, les uns préconisant (Cellario, Vives, Medina) et d'autres combattant (Villavicense et Soto) la prohibition de la *mendicité* et les *maisons de travail obligatoire*.

Vers le milieu du seizième siècle les *altérations* continues des monnaies et leurs conséquences *juridiques* provoquent un examen plus approfondi de la *question monétaire* (Copernic, Agricola, Budelio, Scaruffi). L'affluence des métaux précieux de l'Amérique, le *renchérissement* des *prix* et les perturbations qu'ils amènent sont étudiés par Malestroit, par Bodin (1568) et par Stafford (1581). Bodin, dont l'influence a été grande sur le piémontais Botero (1588), le précurseur de la théorie de la *population*, résume dans sa *République* (1576) le *savoir économique* de son époque et essaie de construire un système en partant des *restrictions* mises au *commerce international*.

Dans les premières années du siècle suivant, s'appuyant sur la croyance générale que la *monnaie* est sinon l'unique richesse, du moins la *principale* des richesses, certains *empiriques*, qui la confondent avec le capital (Milles, Malynes, De Santis), enseignent qu'il faut *conserver* et *augmenter* la quantité de monnaie par la défense d'*exportation* et la tarification *légale* des *monnaies* et des *changes*, et par d'autres restrictions aux différents *contrats* stipulés avec les étrangers (système de la *balance des contrats*). D'autres écrivains au contraire, tout en visant au même *but*, proposent, comme un *moyen plus efficace*, un *système douanier* provoquant un *excédant* (*balance*) de valeur des *marchandises exportées* sur les marchandises *importées*, qui, payé en *monnaie*, augmentera la *richesse nationale* (*trésor*). Le *système* de la *balance du commerce*, dont s'inspire l'*acte de navigation* de Cromwell, a été également appelé le *Colbertisme*, du nom de celui qui a su et qui a pu en faire la plus large *application*. La plupart de ces écrivains (Misselden, Wheeler, Laffemas, Montchrétien, etc.), dont le plus *grand* et le plus *influent* a été l'anglais Mun, préfèrent à l'*agriculture* le *commerce d'exportation* des produits manufacturés, d'où leur nom de *mercantilistes*. Partisans de *droits prohibitifs* à l'entrée des

marchandises étrangères et à la sortie des *matières premières* et des *céréales*, ils étaient d'accord
en cela avec les écrivains *annonaires*, qui crai-
gnaient les *disettes*. Les *protectionistes agraires*
(Boisguillebert, Pascoli, Bandini) demandaient
au contraire la *libre exportation des blés* à l'avantage des *propriétaires* et des *cultivateurs*. Le
mercantilisme, que combattaient Barbon, Bel-
lers, et surtout Dudley North, reçoit certains
tempéraments avec les anglais Child, Petty, Da-
venant, le hollandais De la Court, l'adversaire
acharné des *corporations*, et aussi avec Locke,
qui a écrit également sur la *monnaie* avant les
ouvrages remarquables de Galiani (1750) et de
Harris (1757).

Antonio Serra, de Cosence, est le plus remarquable des *écrivains monétaires* italiens du xviie siècle (Turboli, Bocchi, Montanari). Dans son *Breve
Trattato* (1613) il recherche les *causes* de la *pénu-
rie* de la *monnaie* dans le royaume de Naples ; il
démontre que là *monnaie abonde* là où fleurit
l'*industrie,* notamment les *manufactures,* et où
le *gouvernement* est *prudent,* et il expose admirablement la théorie des *paiements internationaux en monnaie,* ce qui lui a valu très juste-
ment, à quelques siècles de distance, l'apologie
qu'a faite de lui Galiani (1780) et l'excellent
commentaire du à De Viti (1890).

Après la fondation de la *Banque d'Angleterre*
(1694) et les désastres du *système* de Law, les

écrits sur le *crédit* se multiplient ; l'*économie* pénètre dans l'*enseignement* comme une branche de l'*éthique* (Ecosse), des *sciences camérales* (Prusse, Autriche), comme *cours spécial* (Italie) ; les théories restrictives, résumées par Melon, et empiriquement coordonnées par les éclectiques, Forbonnais (1754), Justi (1755), Genovesi (1765), Steuart (1767) et enfin par Sonnenfels, qui se préoccupe beaucoup plus de l'*augmentation* de la population que de celle de la *monnaie*, trouvent enfin dans Cantillon (1732), dans d'Argenson (1751) et dans Hume (*Political Discourses*, 1752) des adversaires résolus et originaux, qui préparent la voie au *système physiocratique*.

Les aphorismes de Quesnay (*Tableau économique*, 1758), commentés par Mirabeau (1760, 1763), par Mercier de la Rivière (1767) et par Du Pont (1768), expliqués et défendus par Baudeau (1771) et par Letrosne (1777), forment un *système* complet de *droit économique* fondé sur l'*économie sociale*, que Turgot (*Réflexions*, 1769) développe séparément d'une façon magistrale. Cette école part de l'hypothèse d'un *ordre naturel (physiocratie)*, que les *lois positives* doivent *conserver*, et elle préconise la *liberté de la concurrence (laissez faire, laissez passer)*, pour que la *classe productive (agriculteurs)* obtienne à peu de *frais* les services des *classes stériles*, mais *nécessaires (manufacturiers, commerçants et professions libérales)*, et augmente ainsi la *rente* des *propriétaires* (*classe disponible*), c'est-à-dire le *produit net*, sur lequel retombe l'*impôt*, qui, afin d'éviter des *dépenses* superflues et des *répercussions* fâcheuses, doit être *unique* et *direct*.

Corrigée dans son erreur fondamentale par Condillac (1776), peu appréciée par Ortes (1774), acceptée *en partie* par Beccaria, Verri, Filangieri, la théorie physiocratique est profondément modifiée par Adam Smith (1723-1790), qui, après un voyage en France et une préparation de plus de dix années, publie ses *Recherches sur la nature et les causes de la richesse des nations* (1776). Elles constituent le monument le plus important de l'économie moderne ; elles sont admirables par la science, la modération, la clarté et l'excellence de la méthode. Smith expose un système de *politique économique*, fondé sur le principe de la *libre concurrence* et déduit de cette idée que le *bien public* dérive bien souvent de la lutte des intérêts privés. Ce système est précédé d'un *exposé théorique* magistral, dans lequel il reconnaît comme *éléments* de la *production* la *terre* et plus particulièrement le *travail* (rendu plus productif par la *division du travail* et par l'emploi du *capital*), que l'on retrouve dans l'*industrie agricole, manufacturière* et *commerciale*, naturellement *solidaires*. Le produit se répartit entre le *propriétaire*, le *capitaliste* et l'*ouvrier*, rémunérés par la *rente,* le *profit* et le *salaire*, qui doivent concourir *pro-portionnellement* à l'*impôt*, source du *revenu ordinaire* (préférable au revenu des *domaines* et aux *emprunts*) que l'Etat dépense pour assurer la sécurité et pourvoir aux *moyens de communication* et à l'*instruction*.

Le système de Smith est vulgarisé par Say (1803), qui admet l'existence de *produits immaté-riels*, et qui ajoute les théories des *débouchés* et de la *consommation*; développé et corrigé par Malthus et par Ricardo (valeur, population, rente, profit et échange international), par Liverpool et par Senior (monnaie), par Tooke, Fullarton, Overstone, Bagehot, Goschen (crédit), résumé par James Mill et par Mac Culloch, appliqué à la *philosophie sociale* et notamment à la *question ouvrière* dans les classiques *Principes* (1848) de J. St. Mill, précisé dans sa méthode par Cairnes et par Keynes, rectifié par Hermann, Cherbuliez et Cairnes dans la théorie du *fonds des salaires*, qui résiste, au moins en partie, à l'abandon de Mill et aux objections spécieuses de Longe, de Cliffe Leslie et de Thornton, etc., il emprunte la langue des *mathématiques* dans les œuvres de Cournot, Dupuit, Gossen, Jevons, Walras, Edge-worth, etc., qui perfectionnent la théorie de la *va-leur* et celle de l'*échange*; il reçoit une forme didactique appropriée dans les traités de Florez-Estrada, Courcelle-Seneuil, Garnier, Vissering et dans les traités plus remarquables encore de

Cherbuliez, Pierson, Sidgwick, Nicholson et Marshall, dans les précis de Walker et de Gide.

En Allemagne la théorie de Smith, expliquée par Kraus, Sartorius, rectifiée dans quelques-unes de ses définitions par Hufeland, a été greffée par Jacob, Lotz et mieux encore par Rau, sur le tronc des *sciences camérales* ; elle s'enrichit des *déductions* de Thünen (influence du *marché* sur les systèmes de culture) et de Hermann (capital, valeur, revenu et consommation), résumées et continuées excellemment par Mangoldt ; elle prend une allure métaphysique dans les *traités* de Stein ; elle se sert des progrès de la *statistique* (Quételet, Wappäus, Engel, Rümelin, Knapp, Becker, Lexis) et elle élargit le domaine de ses recherches avec les *monographies* de Nebenius, Hoffmann, Baumstark, Nasse, Hanssen, Helferich, Knies, et parmi les vivants, Wagner, Sax, Cohn, Neumann, Brentano, à côté desquels on peut citer aussi honorablement les travaux de Ch. Comte, Naville, Dunoyer, Chevalier, Wolowski, Baudrillart, Coquelin, Faucher, de Lavergne, A. Clément, de Parieu, Block, et parmi les vivants Levasseur, Leroy-Beaulieu, de Foville, de Molinari, F. Passy, Cauwès, Villey, Beauregard, etc.

Toutefois les théories de Smith et de ses disciples ont trouvé dans ce siècle de nombreux *interprètes* peu fidèles et des *adversaires* résolus.

Sans parler des fâcheuses théories des pré-

tendus *néomalthasiens* et de la théorie subtile
mais spécieuse de Macleod sur le *crédit*, nous
ajouterons que la science n'a pas progressé avec
les disciples de Bastiat qui, bercés par l'*optimisme d'harmonies* préétablies (1850), ne voient
dans la science qu'un moyen pour combattre le
socialisme et pour poursuivre l'application générale et absolue de la *liberté économique* (École
de Manchester). Cette liberté a trouvé, en sens
inverse, un adversaire dans l'*école romantique*
allemande (Müller) et dans une fraction de l'é-
cole *catholique* (Deyas, de Mun), qui regrette le
moyen âge, les *corporations*, les *fidéicommis*,
etc., tandis qu'une autre fraction plus éclairée
de cette école (Périn, de Metz Noblat, J. Rambaud, et les très savants Brants et Jannet) se
rapproche des *conservateurs chrétiens* disciples
de Le Play (Cheysson, Guérin) et partisans d'une
prudente *réforme sociale*. L'économie *cosmopo-
lite* rencontre des adversaires dans les partisans
du *fair-trade* et dans les *protectionnistes*, comme
l'anglais Byles, mais plus particulièrement dans
l'*allemand* List et les *américains* Hamilton et Carey, qui préconisent une *économie nationale* qui
développera les *forces productrices* au moyen de
droits de douane élevés, temporaires ou perpé-
tuels; enfin dans les *philanthropes (pessimistes)*,
sous la conduite de Sismondi, qui attribuent à la
concurrence la *concentration* excessive des capitaux, les *crises*, le *paupérisme*, et qui con-

damnent, sans conclure, la *division du travail*, les *machines*, le *progrès*. Mais la conclusion en est tirée, sans parler des *anarchistes*, par les *communistes* (Babeuf, Godwin, Owen, Cabet), qui attaquent la *propriété*, et quelques-uns même la *famille* ; par les *socialistes*, soit qu'ils croient avec Fourier au *travail attrayant*, soit qu'ils préconisent avec les Saints-Simoniens l'*état industriel* et la suppression de l'*héritage*, soit qu'ils réclament avec Fourier et Considérant le *droit au travail*, avec Proudhon le *crédit gratuit* et la *banque du peuple*, avec Louis Blanc et Lassalle les *sociétés coopératives* subventionnées par l'État, soit qu'ils nient avec l'obscure dialectique de Marx (1863) et avec l'érudition de Rodbertus la *productivité du capital* et qu'ils en demandent l'*expropriation* (*collectivistes*), soit qu'ils ne demandent que l'expropriation du *sol* (Colins, Spencer, Wallace), soit qu'ils se contentent de la confiscation de la *rente* par le moyen de l'impôt (Henry George), ou de la fixation d'un *salaire minimum*, ou de la reconnaissance du *droit à l'assistance*, etc., etc.

Au *point de vue théorique*, les uns refusent à l'économie le caractère de *science* (Bonamy Price), d'autres, les *positivistes* (Ingram, Harrison), veulent la remplacer par une future *sociologie*, pour laquelle Comte, Spencer, Schäffle, Lilienfeld et d'autres ont recueilli des *matériaux* et écrit des *prolégomènes*. L'école histo-

rique (Roscher, Hildebrand, Knies), à laquelle on doit de savantes recherches sur le développement des *théories*, et, grâce aux élèves de Schmoller et de Conrad, de très nombreux travaux sur les faits et sur les institutions, confond les vérités *absolues* de la *science* avec les postulats *relatifs* de l'art et elle voudrait réduire la science à une *philosophie de l'histoire économique*. Ces principes ont été acceptés par la plupart des *professeurs* actuels, qu'on appelle souvent des *socialistes de la chaire*, parce qu'ils font appel à une *législation sociale* et à une *réforme des impôts*, déjà réalisée en partie en Angleterre et en Suisse. Les plus radicaux, promoteurs de l'*assurance obligatoire* des ouvriers et un petit nombre d'autres (Wagner, Lange, Scheel, Samter), ont été avec plus de raison appelés des *socialistes d'Etat*. Les théories de cette *école*, reproduites dans les *traités* du polonais Bilinski et du russe Wreden, sont développées, appuyées sur une masse de faits historiques, statistiques et législatifs, dans le *Manuel* et dans le *Dictionnaire* publiés, avec un grand nombre d'éminents collaborateurs, le premier par Schönberg, le second par Lexis, Elster, etc., et aussi dans le *Traité* encore inachevé de Wagner (avec la collaboration de Buchenberger, Bücher, etc.), remarquable par l'excellence de la *méthode*, l'abondance et la sûreté des connaissances. Mais une vigoureuse réaction, commencée en Autri-

ché par Menger, Sax, Böhm-Bawerk, défend la
méthode déductive et les mérites de l'école classique, tout en repoussant le *libérisme exagéré*
de quelques-uns de ses partisans les moins importants. A ces professeurs et à leurs élèves (v.
Wieser, Mataja, Gross, Meyer, Zuckerkandl, v.
Philippovich, qui est également l'auteur d'un
excellent *précis*, etc.) et ensuite à d'autres écrivains anglais et américains (Bonar, Giddings,
Patten, Clark, Wood, Hobson), nous devons des
recherches approfondies sur le *capital*, la *répartition* et la *consommation* des richesses, déduites
d'études plus générales sur la *valeur subjective*,
qui concordent en partie avec les théories de
Jevons et de Walras, critiquées par Dietzel,
Macvane.

Il y a eu au xix⁰ siècle un grand nombre
d'économistes, même en Italie, bien qu'ils aient
été combattus par les gouvernements avant l'année 1859 et qu'ils aient été entraînés plus tard,
presque tous, dans le tourbillon de la *politique*.

Sans parler des auteurs moins importants,
nous citerons : Custodi, qui a recueilli une
grande partie des *classiques* italiens, et Pecchio,
qui les a *résumés*, mais parfois assez inexacte-
ment ; Cagnazzi, Ressi, Bosellini, qui ont com-
menté les théories de Smith et de Say ; Balsamo,
qui les a fait connaître en Sicile ; Valeriani,
érudit, mais prolixe et obscur ; Gioja, illustre
auteur d'ouvrages statistiques et d'un *Nuovo*

Prospetto delle scienze economiche (1815-1817), apologiste du *protectionisme*, vivement combattu par Romagnosi († 1835) dans les *Annali di Statistica* et, par Cattaneo dans le *Politechnico*, avec un style brillant.

Les théories de Ricardo et de Malthus, exposées d'une façon un peu abstruse dans les *Saggi* de Fuoco (auteur d'une excentrique *Maggia dei credito*), vulgarisées par Arrivabene (*traducteur* de Mill et de Senior), expliquées avec une grande éloquence par Pellegrino Rossi au *Collège de France*, ont été résumées avec une précision philosophique, mêlée à une emphase humanitaire, dans les *Principii* de Scialoja (1840).

Après 1848 la préférence est donnée aux théories des *optimistes* ; professées par Ferrara dans des leçons très écoutées et dans la *Biblioteca dell' Economista* ; résumées dans le *Trattato* et dans d'autres excellents travaux de jeunesse du laborieux Boccardo ; exposées avec certains tempéraments dans le livre élégant de Minghetti, qui a été avec Luzzatti (l'apôtre des *banques mutuelles populaires*) un défenseur vigoureux de la *législation sociale*, elles ont été défendues par Todde et maintenant par Berardi, Martello, Bertolini et quelques autres.

Les nouvelles théories allemandes ont été importées en Italie par Cusumano (1873) ; attaquées avec adresse par Ferrara et vivement défendues par Luzzatti, elles ont été acceptées avec de sages réserves dans l'excellente *Economia* de Lampertico, et appliquées par Loria, dans des recherches ingénieuses et en partie originales, à l'étude de la *rente foncière* et du *profit*.

Après une période de polémiques entre les prétendus *disciples* et les incompétents *adversaires* de Smith, les théories de l'école *classique* renaissent, corrigées et enrichies par les résultats les plus sûrs de la science allemande, dans les *Saggi* magistraux (1881) et dans le très beau *Sunto* (1853) de Nazzani.

C'est à elles que reste fidèle Messedaglia, un spécialiste éminent en matière de *monnaie*, de *crédit*, de *population*, de *cadastre*, et un maître, avec Perozzo, en *induction statistique*, dont le modeste Gabaglio expose habilement l'*histoire* et la *méthodologie*.

Il nous faut mentionner également : Rota, Buzzetti, et plus encore Pantaleoni, Ricca-Salerno (avec ses disciples Graziani et Conigliani), Ferraris, De Viti, Gobbi, pour leurs recherches *théoriques* conduites avec une excellente *méthode* ; pour les travaux de *statistique*, l'infatigable Bodio, Morpurgo, Salvioni, Stringher, Raseri, Virgilii, Rameri, Majorana, etc. ; pour l'*histoire de l'économie en Italie*, commencée par Albergo, reprise avec une vaste érudition par Cusumano, continuée dans les essais de Nicolini, Sinigaglia, Loria, et dans les essais plus étendus de Balletti, Alberti, Valenti, Graziani, Montanari, et notamment de Fornari, écrivain clair et exact, Morena et Toniolo qui rattachent les théories aux faits, et enfin les écrivains déjà cités : Ricca-Salerno, Gôbbi et de Viti, remarquables par leurs critiques pénétrantes.

Ce *réveil* des études, qui nous permet de compter sur l'avenir, se reflète dans quelques essais de Piperno, Supino, Benini, Wollemborg, Alessio, G. Luzzatti, Lorini, Emilio Cossa, Tangorra, etc.

Il ne faut pas oublier non plus les recherches *sociologiques* (Cognetti, Rabbeno, Schiattarella, Lo Savio, Puviani, etc.), auxquelles nous souhaitons — les écrits de Vanni en sont un bon augure, — de s'émanciper prochainement des analogies *biologiques*, si incertaines.

APPENDICE

BIBLIOGRAPHIE GÉNÉRALE
de l'économie politique

PREMIÈRE PARTIE

OUVRAGES HISTORIQUES

Ad. Blanqui, *Histoire de l'économie politique*, 1837, 1838. Deux volumes (4ᵉ édit., 1860).

Travers-Twiss, *View of the progress of political economy*, 1847.

J. Kautz, *Die geschichtliche Entwickelung der National-Oekonomik*, etc. Wien, 1860.

E. Dühring, *Kritische Geschichte der National-Oekonomie und des Sozialismus*, 1871 (3ᵉ édit, 1879).

H. Eisenhart, *Geschichte der Nationalökonomik*. Jena, 1881 (2ᵉ édit., 1891).

J. K. Ingram, *A history of political economy*. Edinburgh, 1888 ; trad. franç., Paris, 1893.

A. Espinas, *Histoire des doctrines économiques*, 1891.

L. Cossa, *Introduzione allo studio dell'economia politica*. Milano, 1892 (Deuxième partie) ; trad. franç. sous le titre : *Histoire des doctrines économiques*, Paris, 1899.

DEUXIÈME PARTIE

TRAITÉS ET PRÉCIS

CHAPITRE PREMIER

TRAITÉS

§ 1. Ouvrages anglais.

Adam Smith, *An inquiry into the nature and causes of the wealth of nations*, 1776. Deux vol. (3ᵉ édit. de l'auteur, 1784, en trois volumes. Edition J. S. Nicholson, 1887).

David Ricardo, *Principles of political economy and taxation*, 1817 (3ᵉ éd., 1821. Edition C. K. Gonner, 1891).

Thom. Robert Malthus, *Principles of political economy*, 1820 (2ᵉ édit., 1836).

John Stuart Mill, *Principles of political economy, with some of their applications to so-*

cial philosophy, 1848. Deux vol. (7e édit., 1871). (Abridged by J. L. Laughlin. New York, 1884).

W. Stanley Jevons, The theory of political economy, 1871, 2e édit., 1879 (Réimpr., 1888).

J. E. Cairnes, Some leading principles of political economy newly expounded, 1874. (Trad. ital. Florence, 1877.)

H. Sidgwick, The principles of political economy, 1883 (2e édit., 1887).

Fr. A. Walker, Political economy. New York, 1883 (3e édit., 1889).

A. Marshall, Principles of economics. Vol. I, 1890 (3e éd., 1895).

J. S. Nicholson, Principles of political economy. Vol. I, 1893. Vol II, 1898.

§ 2. Ouvrages français.

A. R. J. Turgot, Réflexions sur la formation et la distribution des richesses, 1769 (Ecrites en 1766).

J.-B. Say, Traité d'économie politique, 1803. Deux vol., 6e édit. (par Horace Say), 1841. 8e édit. (par A. Clément), 1876.

J.-B. Say, Cours complet d'économie politique pratique, 1828-1830. Six vol. 2e édit. (par Horace Say) 1840. Deux vol.

J. C. L. Simonde de Sismondi, Nouveaux prin-

cipes d'économie politique. Paris, 1819. Deux
vol. (2ᵉ édit., 1827).

J. C. Courcelle-Seneuil, *Traité théorique et pratique d'économie politique,* 1858-1859. Deux
vol. (3ᵉ édit., 1891).

A. E. Cherbuliez, *Précis de la science économique,* 1862. Deux vol.

A. Cournot, *Principes de la théorie des richesses,*
1863.

L. Walras, *Eléments d'économie politique pure.*
Lausanne et Paris, 1874-77 (3ᵉ édit., 1896).

P. Cauwès, *Cours d'économie politique* (3ᵉ édit.,
1893, quatre vol.).

P. Leroy-Beaulieu, *Traité théorique et pratique
d'économie politique,* 1896. Cinq vol.

§ 3. Ouvrages allemands.

K. H. Rau, *Lehrbuch der politischen Oekonomie.*
Leipzig, 1826-32. Trois vol. (dernière édition
de l'auteur, 1862-69).

W. Roscher, *System der Volkswirthschaft.* 1ʳ
Band, Stuttgart, 1854 (22ᵉ édit. de R. Pöhl-
mann, 1897). 2ʳ Band, 1860 (12ᵉ édit., 1890).
3ʳ Band, 1881 (6ᵉ édit., 1892). 4ʳ Band, 1886
(4ᵉ édit., 1894). 5ʳ Band, 1894.

L. Stein, *Lehrburh der Nationalökonomie.* Wien,
1858 (3ᵉ édit., 1887). (Trad. ital. de F. Lam-
bertenghi. Verona, 1879).

H. v. Mangoldt, *Volkswirthschaftslehre.* 1^r Band, Stuttgart, 1868.

A. E. F. Schäffle, *Das gesellschaftliche System der menschlichen Wirthschaft.* 3e édition. Tübingen, 1873. Deux vol. (1e édit., 1861).

Ad. Wagner, *Lehrbuch der politischen Oekonomie.* 1^r Band, 1876 (3e édit., 1892-94). 5^r Band, 1871-72 (3e édit., 1883). 6^r Band, 1880 (2e édit., 1890). 7^r Band, 1886-89-96.

G. Schönberg, etc., *Handbuch der politischen Oekonomie.* Tübingen, 1882. Deux vol. gr. in-8 (3e édit. en 3 vol., 1890-91). 4e édit. en 3 vol., 1896-98.

G. Cohn, *System der Nationalökonomie.* 1^r Band, Stuttgart, 1885. 2^r Band, 1889. 3^r Band, 1898.

E. Sax, *Grundlegung der theoretischen Staatswirtschaft.* Wien, 1887.

E. v. Philippowich. *Grundriss der politischen Oekonomie.* Vol. I. Freiburg, 1893 (2e édition, 1897).

§ 4. Ouvrages italiens.

Melch. Gioja, *Nuovo prospetto delle scienze economiche.* Milano, 1816-1817. Six vol. in-4° (Réimpr. à Lugano, 1838-39).

P. Rossi, *Cours d'économie politique.* Paris, 1840. Quatre vol. (4e édition, 1865).

Ant. Scialoja, *Principii d'economia sociale.* Napoli, 1840 (2e édit. Torino, 1846).

F. Lampertico, *Economia dei Popoli e degli Stati.* Milano, 1874-84. Vol. I-V.

M. Pantaleoni, *Principii di economia pura.* Firenze, 1889.

V. Pareto, *Cours d'économie politique.* Lausanne, 1896-97. Deux vol.

§ 5. Ouvrages en autres langues.

W. C. Mees, *Overzicht van eenige hoofdstukken der Staathuiskoudkunde.* Amsterdam, 1866.

N. G. Pierson, *Leerboek der Staathuiskoudkunde.* Haarlem, 1884-1890. Deux vol. (2ᵉ édit., 1897).

B. Carballo y Wangüemert, *Curso de economia politica.* Madrid, 1855-56. Deux vol.

J. M. de Olózaga y Bustamente, *Tratado de economia politica.* Madrid, 1885-86. Deux vol.

A. Pereira Foriaz de Sampaio, *Elementos de economia politica,* etc. Nouvelle édit. Coimbra, 1874. Deux vol.

J. J. Rodriquez de Freitas, *Principios de economia politica.* Porto, 1883.

C. J. Kayser, *Om Arbeidest Ordning,* Kjöbenhavn, 1857.

Ed. Wreden, *Cours d'économie politique* (en russe). St. Pétersbourg, 1874 (2ᵉ édit., 1880).

A. A. Isajew, *Principes d'économie politique* (en russe). 2ᵉ édit. St. Pétersbourg, 1896.

L. Bilinski, *System Ekonomij Spolecznéj*. Lwów,
(Lemberg), 1880-82. Deux vol.

V. Mariska, *Manuel d'économie politique* (en
hongrois). 3ᵉ édit. Buda-Pest, 1894.

M. Pisztóry, *Economie politique* (en hongrois).
2ᵉ édit. Pozsony, 1894.

CHAPITRE II

§ 1. Ouvrages anglais.

James Mill, *Elements of political economy*, 1821 (3e édit., 1826).

N. W. Senior, *Outline of the science of political economy*, 1836 (6e édit., 1872).

H. Fawcett, *Manual of political economy*, 1863 (6e édit., 1883).

E. B. Andrews, *Institutes of economics*. Boston, 1889.

S. M. Macvane, *The working principles of political economy*. New York, 1890.

A. Marshall, *Elements of economies of industry*, 1892.

J. Bullock, *Introductions to the study of economics*, 1897.

H. J. Davenport. *Outlines of elementary economics*. New York, 1897.

§ 2. Ouvrages français.

Jos. Garnier, *Traité d'économie politique*. Neuvième édit., 1889 (1re édit., 1846).

H. Baudrillart, *Manuel d'économie politique*, 1857 (5e édit., 1883).

E. Levasseur, *Précis d'économie politique*, 1867 (4e édit., 1883).

Ch. Gide, *Principes d'économie politique*, 1884 (6e édit., 1898).

P. Leroy-Beaulieu, *Précis d'économie politique*, 1888 (4e édition, 1894).

J. Rambaud, *Eléments d'économie politique*, 1895.

§ 3. Ouvrages allemands.

H. v. Mangoldt, *Grundriss der Volkswirthschaftslehre*. Stuttgart, 1863 (2e édit., 1871).

H. Schober, *Die Volkswirtschaftslehre*, 1859 (4e édition, Leipzig, 1888) (5e édit., de Ed. O. Schulze, 1896).

W. Neurath, *Elemente der Volkswirtschaftslehre*. 3e édit. Wien, 1896.

J. Lehr, *Politische Oehonomie*. 2e édit. München, 1892.

§4. Ouvrages italiens.

Ant. Scialoja, *Trattato elementare di economia sociale*. Torino, 1848.

3.

Gerol, Boccardo, *Trattato teorico-pratico di economia politica*, Torino, 1853. Trois vol. (7e édit., 1885).

E. Nazzani, *Sunto di economia politica*. Forlì, 1873 (6e édit. Torino, 1897).

U. Gobbi, *Compendio di economia politica*. Torino, 1887.

§ 5. Ouvrages en autres langues.

N. G. Pierson. *Grondbeginselen der Staathuishoudkunde* (3e édition, Haarlem, 1891).

M. Carreras y Gonzales, *Filosofia del interes personal*, etc. (2e édit.), Madrid, 1874.

J. P. Oliveira Martins, *O regime das riquezas*, etc. Lisbona, 1883.

V. Arntzen og H. Ring, *Nationalökonomien*, etc. Kjöbenhavn, 1875.

J. A. Leffler. *Grundlinier till Nationalekonomiken*, etc. Stockholm, 1881.

Claes Westmann, *Nationalekonomiens Grunddrag*, etc. Stockholm, 1881-85.

L. V. Chodsky, *Manuel d'économie politique* (en russe). St-Pétersbourg, 1884 (2e édit., 1887).

TROISIÈME PARTIE

DICTIONNAIRES

A. Sandelin, *Répertoire général d'économie politique ancienne et moderne*, La Haye, 1846-48. Six vol.

Ch. Coquelin, *Dictionnaire de l'économie politique*, 1851-53. Deux vol.

Gérol Boccardo, *Dizionario universale di economia politica e commercio*. Torino, 1857-1859. Quatre vol. (2e édit. Milano, 1875-77. Deux vol.).

H. D. Macleod, *A dictionary of political economy*. Vol. I, 1863.

H. Rentzsch, *Handwörterbuch der Volkswirthschaftslehre*. Leipzig, 1865 (2e édit., 1869).

J. C. Bluntschli und K. Brater, *Deutsches Staats-Wörterbuch*. Stuttgart, 1856-1868. Onze vol. (Résumé par E. Löning. Zürich. 1869-75. Trois vol.).

M. Bloch, *Dictionnaire général de la politique* (2e édit. 1873-74. Deux vol.

John J. Lalor, *Cyclopaedia of political science, political economy*, etc. Chicago, 1881-1884. Trois vol.

J. M. Piernas y Hurtado, *Vocabulario de la Economia*, etc. Zaragoza, 1877 (2° édition, 1882).

I. Conrad, L. Elster, etc., *Handwörterbuch der Staatswissenschaften*. Jena, 1889-97. Huit vol. (2° édit., vol. I, 1898).

Ad. Bruder, etc., *Staatslexicon*, etc. Freiburg in Br., 1889-97. Cinq vol.

L. Say et Jos. Chailley, *Nouveau dictionnaire d'économie politique*, 1890-1892. Deux vol. Supplément, 1897.

R. H. Inglis Palgrave, *Dictionary of political economy*, etc. Vol. I, 1893 ; Vol. II, 1896.

L. Elster, *Wörterbuch der Volkwirtschaft*. Deux vol. 1ʳ Band. Jena, 1898.

QUATRIÈME PARTIE

CHAPITRE PREMIER

OUVRAGES DE DIFFÉRENTS AUTEURS

Collection des principaux économistes, 1840-
   1848. Quinze vol.

Biblioteca dell'economista, dirigée par Frances-
   co Ferrara. Première série (*Trattati comples-
   sivi*). Seconde série (*Trattati speciali*). Torino,
   1850-1870. Vingt-six vol.

Troisième série, dirigée par Gerolamo Boccardo.
   Torino, 1875 92. Quinze volumes.

Quatrième série, dirigée par S. Cognetti de Mar-
   tiis. Torino, 1894 et suiv.

Scrittori classici italiani di economia politica
   Milano, 1803-1816. Cinquante vol.

Raccolta degli economisti toscani. Firenze, 1848-49. Quatre vol.

Raccolta di opere di economia politica d'autori piemontesi. Torino, 1880 (non terminée),

J. Sempere y Guarinos, *Biblioteca espanola ecónomico politica*, 1801-1821. Quatre vol.

CHAPITRE II

OUVRAGES D'UN SEUL AUTEUR

D. Ricardo, *Works*, édition de J. R. Mac Culloch, 1846 (Nouvelle édition, 1881).

D. Ricardo, *Letters to Th. Rob. Malthus*, édit. de J. Bonar. Oxford, 1887.

J. St. Mill, *Essays on some unsettled questions of political economy*, 1844. (2º édit., 1874).

J. St. Mill, *Dissertations and discussions*, etc., 1867-1875. Quatre vol. (2º éd.).

J. E. Cairnes, *Essays in political economy theoretical and applied*, 1873.

Th. E. Cliffe Leslie, *Essays in political economy*. Dublin, 1888.

W. Bagehot, *Economic Studies*, 1880.

Rob. Giffen, *Essays in Finance* (5º édit.) 1889.

W. Smart, *Studies in Economics*, 1895.

Fréd. Bastiat, *OEuvres complètes* (2º édit.) 1862-1864. Sept vol.

Ch. Dunoyer, *OEuvres*, 1886. Trois vol.

C. Hufeland, *Neue Grundlegung der Staatswirthschaftskunst*. Giessen, 1807-1813. Deux vol.

J. F. E. Lotz, *Revision der Grundbegriffe der Nationalwirthschaftslehre.* Coburg, 1811-1814. Quatre vol.

F. B. W. Hermann, *Staatswirthschaftliche Untersuchungen.* München, 1832 (2e édit., 1870).

W. Roscher, *Ansichten der Volkswirthschaft,* Leipzig, 1861. Trad. franç., 1872). 3e édition en deux vol., 1878.

G. Cohn, *Volkswirtschaftliche Aufsätze.* Stuttgart, 1882.

G. Cohn, *Nationalökonomische Studien.* Stuttgard, 1886.

A. E. Fr. Schäffle, *Gesammelte Aufsätze.* 1r Band. Tübingen, 1885. 2r Band, 1886.

Franc. Fuoco, *Saggi economici.* Pisa, 1825-1827. Deux vol.

G. D. Romagnosi, *Collezione degli scritti editi ed inediti di economia politica,* etc. (Volumes VI et VIII des *Opere.* Milano, 1841-1852).

C. Cattaneo, *Scritti di economia pubblica* (Vol. I-II. Genova, 1887-1888).

E. Nazzani, *Saggi di economia politica.* Milano, 1881.

F. Ferrara, *Esame storico-critico di economisti e dottrine economiche,* etc. Torino, 1889-1892. Deux vol. (en quatre parties).

CINQUIÈME PARTIE

OUVRAGES PÉRIODIQUES

Journal of the Statistical Society, 1838 et suiv. (Trimestriel).

The Economist, 1843 et suiv. (Hebdomadaire).

Political Science Quarterly. New York, 1886 et suiv.

The Quarterly Journal of Economics. Boston, 1886 et suiv.

Journal des Economistes, 1842 et suiv. (Mensuel).

L'Economiste français, 1873 et suiv. (Hebdomadaire).

Annales de l'Ecole libre des Sciences Politiques, 1886 et suiv. (Trimestriel).

La Réforme sociale, 1881 et suiv. (Bimensuel).

Revue d'Economie politique, 1887 et suiv. (Mensuel).

Archiv der politischen Oekonomie, etc. Heidelberg, 1835-1853. Quinze volumes.

Zeitschrift für die gesammte Staatswissenschaft. Tubingen, 1844 et suiv. (Trimestriel).

Vierteljahrschrift für Volkswirthschaft und Culturgeschichte, Berlin, 1863 et suiv. (Trimestriel).

Jahrbücher für National-Oekonomie und Statistick. Jena, 1863 et suiv. (Mensuel).

Allgemeines statistisches Archiv. Tübingen, 1890 et suiv. (Trimestriel).

Jahrbuch für Gesetzgebund, Verwaltung und Volkswirthschaft im Deutschen Reich. Berlin, 1877 et suiv. (Trimestriel)

Zeitschrift für Volkswirthschaft, Socialpolitik und Verwaltung. Wien, 1892 et suiv. (Trimestriel).

Zeitschrift f. Litter. und Gesch. der Staatswissenschaften. Leipzig, 1893 et suiv. (Bimensuel).

L'Economiste belge, 1855-1868. Douze volumes.

De Economist, Amsterdam, 1852 et suiv. (Mensuel).

Nationalökonomisk Tidssckrift. Kjöbenhavn, 1873 et suiv. (Mensuel).

Revista de España, 1842 et suiv. (Mensuel).

Gaceta economista, 1860-1868. Douze volumes.

Magasin des sciences politiques (en russe), 1873 et suiv.

Annali universali di statistica, economia politica, etc. Milano, 1824-1871. Cent quatre-vingt-cinq volumes.

Giornale degli economisti. Padova, 1875-1878. Bologna, 1886-1889. Deuxième série. Roma, 1890 et suiv. (Mensuel).

Rivista internazionale di scienze sociali e discipline ausiliarie. Roma, 1893 et suiv. (Mensuel).

Annals of the American Academy of Political and Social Science. Philadelphia, 1890 (Trimestriel).

The Economic Review, 1891 et suiv. (Trimestriel).

The Economic Journal, 1891 et suiv. (Trimestriel).

The Journal of Political Economy. Chicago, 1893 et suiv. (Trimestriel).

CHAPITRE PREMIER

NOTION DE LA PRODUCTION

L'*homme*, stimulé d'une façon incessante par des *besoins* très variés et guidé par son *intérêt personnel*, reconnaît l'*utilité* des *choses* qui l'entourent, et il s'en sert comme de *moyens* indispensables dans le *but* d'assurer sa *conservation* et son *perfectionnement*.

Les *choses utiles* s'appellent des *biens* ; les *biens échangeables*, c'est-à-dire propres à l'échange, constituent des *richesses* pour l'économie privée ; les *biens échangeables* et *matériels* c'est-à-dire qui tombent sous les sens, constituent les *richesses* pour l'économie sociale.

L'*utilité*, l'*échangeabilité* et la *matérialité* sont donc les caractéristiques de la richesse *sociale*.

Pour que les biens soint *échangeables*, il faut qu'ils soient :

1° *Externes* ;
2° *Accessibles* ;
3° *Limités* en *quantité*.

Si les deux premières conditions font défaut,

CHAPITRE PREMIER

NOTION DE LA PRODUCTION

L'*homme*, stimulé d'une façon incessante par des *besoins* très variés et guidé par son *intérêt personnel*, reconnaît l'*utilité* des *choses* qui l'entourent, et il s'en sert comme de *moyens* indispensables dans le *but* d'assurer sa *conservation* et son *perfectionnement*.

Les *choses utiles* s'appellent des *biens* ; les *biens échangeables*, c'est-à-dire propres à l'échange, constituent des *richesses* pour l'économie privée ; les *biens échangeables* et *matériels* c'est-à-dire qui tombent sous les sens, constituent les *richesses* pour l'économie sociale.

L'*utilité*, l'*échangeabilité* et la *matérialité* sont donc les caractéristiques de la richesse *sociale*.

Pour que les biens soint *échangeables*, il faut qu'ils soient :

1° *Externes* ;
2° *Accessibles* ;
3° *Limités* en *quantité*.

Si les deux premières conditions font défaut,

l'échange n'est pas *possible* ; si la troisième condition fait défaut, l'échange est sans *raison*.

C'est pour cela que les *biens internes* (force, santé, beauté, intelligence, vertu), les biens *inaccessibles* à l'homme (le soleil, la lune, les étoiles, etc.), et les biens qui existent en quantité qui, par rapport aux *besoins*, peut être considérée comme *illimitée* (par exemple, dans des *conditions* données, l'air, la lumière, l'eau), ne font pas partie de la richesse, bien qu'ils soient souvent des *éléments nécessaires* ou *utiles* pour l'acquérir.

Ne constituent pas non plus des richesses, au point de vue de l'*économie sociale*, les *biens immatériels* (incorporels), qui consistent en *relations personnelles* ou de *fait* (clientèle, secrets de fabrication), ou de *droit* (brevets d'invention, créances, etc.), bien qu'ils soient échangeables, tout comme les *biens matériels*, et qu'ils soient par conséquent des richesses au point de vue de l'*économie privée*.

On appelle *naturelles* les richesses déjà prêtes pour la consommation, *artificielles* celles dont l'utilité est due en partie au travail de l'homme.

Comme les richesses naturelles, *limitées* en *quantité* et *réparties inégalement* dans l'espace et *irrégulièrement* dans le *temps*, sont tout à fait *insuffisantes* pour satisfaire les besoins *illimités* de l'homme, il faut que celui-ci consacre une partie de son activité à la formation de richesses artificielles. Cette activité c'est la *produc-*

tion ; ses résultats portent le nom de *produits*.

L'homme ne peut pas créer de nouvelles *matières*, mais en imprimant certains *mouvements* à la matière, soit qu'il la *recherche*, l'*occupe*, la *conserve*, la *transfère*, la *sépare*, la *réunisse* et la *modifie*, dans sa *substance* ou dans sa *forme*, il crée de l'*utilité* et par conséquent la *richesse*.

Au point de vue *technique*, la production est un acte *matériel*, parce qu'est matériel l'*objet* auquel elle se réfère ; au point de vue *économique*, elle est un acte *immatériel*, comme est *immatérielle* l'utilité qui en dérive.

4

CHAPITRE II

La production s'effectue grâce au concours de l'*homme*, de la *nature* et du *capital*, qui en constituent ainsi les *facteurs*, les deux premiers étant nécessaires et *primitifs (éléments)*, le dernier simplement utile et *dérivé*.

L'homme est l'élément *intelligent* et *libre* (*agent*) de la production ; elle résulte de son *travail*, aidé par la *nature* (*instrument primitif*), qui lui fournit l'*espace*, les *matières* et les *forces*, et par le *capital* (*instrument dérivé*), c'est-à-dire par le résultat d'une *production antérieure* employé à une *production postérieure*.

§ 1. Le Travail

Le *travail* est l'application immédiate ou médiate des facultés humaines à la production.

Au point de vue *économique*, le travail n'est pas un *but*, mais le *moyen* nécessaire pour arriver à la satisfaction des besoins ; au point de vue *physique*, il est une *fatigue*, c'est-à-dire une *douleur*, atténuée par l'*habitude*, et préférée à la douleur *plus forte* qui résulterait de la *priva-tion* ; au point de vue *moral*, il est un *devoir général*, dont l'accomplissement soustrait l'homme aux dangers de *l'oisiveté* et lui procure une *satisfaction* intime.

Si l'on considère les *facultés* humaines qui prédominent dans le travail, on distinguera le travail *physique (musculaire)* et le travail *intellectuel (mental)*.

L'importance relative de ces deux espèces de travail est différente selon les *industries*, les *temps* et les *lieux* ; cependant, avec le développement de la civilisation, le travail *intellectuel* acquiert une importance plus grande.

On distingue trois stades dans la *fonction productive* du travail :

1° Le travail de celui qui *découvre des propriétés* inconnues de la *matière*, et qui invente les *instruments* et les *procédés* de production (*savant*) ;

2° Le travail de celui qui *réunit, coordonne, dirige* et *surveille* les facteurs de la production (*entrepreneur*) ;

3° Le travail de celui qui *fabrique* les produits (*ouvriers*).

Est *productif*, au point de vue *technique*, le travail qui peut créer une nouvelle richesse.

Est *productif*, au point de vue *économique*, le travail qui peut créer une *quantité* de richesse *au moins égale* à celle qui est *sacrifiée* pour l'obtenir.

Pour déterminer la *productivité économique* du travail, il faut distinguer le *point de vue privé* et le *point de vue social*, parce qu'il y a des travaux qui sont productifs pour celui qui les fait, et qui ne le sont pas pour la société (opérations de *bourse*), et inversement (*inventions* insuffisamment rétribuées).

Autre chose est la *moralité* du travail, autre chose sa *productivité*. Les travaux *blâmables* ne sont pas pour cela des travaux improductifs, quand on considère leurs effets *individuels* et *immédiats* ; ils sont toujours *nuisibles* au contraire, même au point de vue économique, si l'on considère leur effet *ultime* et *social*.

La *productivité* du travail, soit au point de vue de la *quantité* (*nombre absolu* et *relatif* des ouvriers et *durée* du travail), soit au point de vue de la *qualité*, est proportionnelle à l'action de différentes causes qui déterminent la *possibilité* et la *volonté* de travailler.

Influent sur la *possibilité* de travailler :

1° Les forces *physiques* (*santé, vigueur, adresse*), leur *conservation* et leur *exercice ;*

2° Les forces *intellectuelles*, plus ou moins *éveillées* (pour des *causes* en partie analogues) et leur *développement*.

Influent sur la *volonté* de travailler, qui se traduit par la *continuité* dans le travail et son *énergie* :

1° L'*extension*, l'*intensité* et l'*urgence* des

besoins, qui dépendent, à leur tour, de différentes circonstances *physiques, intellectuelles, morales* et *historiques ;*

2° La *mesure* et la *certitude* de la *rémunération* et sa *proportionnalité* avec la *quantité* et la *qualité* du travail et ses résultats.

L'*esclave,* le *serf,* l'*ouvrier libre* qui travaille pour le *compte d'autrui* (avec un *salaire à temps*), l'ouvrier *intéressé* au *produit brut* (*salaire à la tâche, gratifications, primes*), l'ouvrier *intéressé* aux *bénéfices* (*participation aux bénéfices*), l'ouvrier *capitaliste* (*associé* ou *actionnaire* d'une entreprise qu'il ne dirige pas), l'ouvrier qui participe au *capital* et à la *direction* d'une entreprise formée par des *capitalistes* ou des *propriétaires* (*colonat partiaire*), l'ouvrier qui, avec d'autres ouvriers, forme une *entreprise collective* (*société coopérative de production*), l'ouvrier *capitaliste* et *entrepreneur,* qui ne partage avec personne la responsabilité et le profit, et enfin l'ouvrier *capitaliste, entrepreneur* et *propriétaire* de la *terre* qu'il cultive, nous offrent une échelle des *différents degrés* d'énergie productive, proportionnés aux différents systèmes de rémunération du travail.

§ 2. La Nature.

La *nature* offre à l'homme l'*espace nécessaire* pour vivre, les *matières* (animales, végétales,

4.

minérales) *au moyen* desquelles et *sur* lesquelles s'exerce son travail, les *forces* et les *conditions* physiques qui le rendent plus productif.

Le *climat* (température, humidité), la *situation géographique* (développement des *côtés maritimes* et des *fleuves navigables*) et la *structure géologique* du *sol* et du *sous-sol* (charbon, fer, métaux précieux) ont une grande influence sur les forces *productives*.

Les *matières premières* ont des degrés différents d'*utilité* et de *rareté absolue* ou *relative*. Certaines, en effet, sont propres à être *consommées*, mais n'ont qu'une *courte durée* (fruits sauvages) ; d'autres demandent un travail de *recherche* et d'*occupation*, mais sont plus résistantes (minéraux, etc.) ; d'autres enfin (les produits du sol) exigent un travail de *modification*, qui les rende propres à être *consommées*.

Les *forces naturelles* sont *organiques*, comme la force *végétative* de la terre et des plantes et la force *reproductrice* des animaux, ou *inorganiques*, comme la force *musculaire* des *animaux*, le *poids*, l'*élasticité*, la *ductilité* de certaines *matières*, les forces *mécaniques* (vent, cours et chutes d'eau), et la force *expansive* des gaz et notamment de la *vapeur*.

Certaines forces naturelles sont *libres* (*chaleur du soleil*, parce qu'il n'est pas *possible* et qu'il n'y a pas de *raison* de les approprier) ; d'autres au contraire sont *onéreuses*, *limitées* et *cachées* dans le sol ou *liées* à lui.

Cette distinction a un caractère purement *relatif* ; des instruments naturels, *gratuits* dans certains *cas* et dans certaines *conditions*, deviennent *onéreux* (l'*eau* pour l'*arrosage*, l'*air* pour le *plongeur*, etc.) dans d'autres conditions.

La nature concourt donc à la production par les *matières* et par les *forces organiques* et *inorganiques*, *gratuites* ou *onéreuses*, simplement *utiles* ou même *nécessaires*.

§ 3. Le Capital.

On appelle *capital* tout *produit employé* dans la *production*.

Il ne faut pas confondre le capital avec le *patrimoine*, ou avec la *richesse qui donne des revenus*, ou avec la *monnaie*.

Le capital comprend les produits *dans* lesquels, *avec* lesquels et *sur* lesquels s'exerce le travail.

Sont *exclues* du nombre des capitaux :

1º Les *aptitudes personnelles* (*originaires* ou *acquises*), qui, n'étant pas échangeables, ne sont pas des richesses ;

2º Les *richesses naturelles* (notamment la *terre*) ;

3º Les *richesses artificielles* employées à la satisfaction *directe* des besoins humains.

Un produit devient un capital lorsqu'il est soustrait à la satisfaction *directe* des besoins et qu'il est employé à la *production*.

Il y a trois stades dans la genèse du capital :

1° La *formation* du produit ;

2° L'*accumulation* (*consommation différée*) ;

3° L'*emploi* dans la production.

L'*épargne* (*abstinence*) comprend l'*accumulation* et l'*emploi* dans la *production*. Considérée comme un *sacrifice* elle est en raison inverse de l'*aisance*.

La qualité de capital est *relative* ; elle dépend de la *fonction* et non de la *forme*, de l'*emploi* et non de la *destination*. Le même objet, employé d'une certaine façon est capital, employé autrement il ne l'est pas (*cheval* de *selle* et cheval de *travail*).

Les *avances* (en *denrées* ou en *monnaie*) faites par l'entrepreneur à l'*ouvrier* (*salaire*) ou au *capitaliste* (*intérêt*) sont des capitaux pour l'économie *privée* de l'entrepreneur et des objets de *consommation* pour l'économie de la *société* et pour celle de l'ouvrier et du capitaliste, qui *produisent* pour vivre et ne *vivent* pas pour produire.

Les *brevets d'invention*, les *secrets de fabrication*, la *clientèle* sont des capitaux pour l'économie *privée* des différents entrepreneurs, mais non pour l'*économie sociale*.

La distinction entre capital *fixe* et capital *circulant* est très importante.

Est *fixe* tout capital dont l'*utilité* est sacrifiée *partiellement* dans chaque acte de production et qui peut par conséquent servir à des productions successives. Sont des capitaux fixes, par exemple, les *maisons*, les *améliorations agricoles*, les *instruments animés* et *inanimés* (*outils*, *appareils*, *machines*) de travail.

Est *circulant* tout capital dont l'*utilité* est sacrifiée *totalement* dans chaque acte de production, et qui doit par conséquent disparaître entièrement dans le nouveau produit. Sont des capitaux circulants, par exemple :

1° Les *matières premières* qui forment la *substance* de nouveaux produits ;

2° Les *matières auxiliaires* employées dans la production, mais non *incorporées* dans les produits ;

3° Les *produits* mis en vente, qui forment la *matière première* du commerce.

La distinction entre le capital *fixe* et le capital *circulant* est, elle aussi, *relative*. Ainsi l'*animal* destiné au *travail* est un capital fixe, l'*animal* destiné à la *boucherie* est un capital circulant.

La *monnaie* (*moyen* d'échange) est un *capital fixe* pour la *société*, qui l'emploie d'une façon *successive* comme *instrument* de la circulation ; elle est un *capital circulant* pour les *particuliers* (*entrepreneurs*) et pour les différents peuples dans le *commerce international*, parceque les uns comme les autres doivent retrouver dans l'échange toute son utilité.

Le capital fixe est ainsi nommé parceque, d'*ordinaire*, pendant la production, il ne change ni de *lieu*, ni de *forme*, ni de *propriétaire*, tandis que, d'ordinaire, le capital circulant est soumis à ces changements.

Cependant ces dénominations, prises à la lettre, entraînent des équivoques. Ainsi, par exemple, au point de vue *économique*, une *locomotive* qui *transporte des produits* et des *producteurs* est un *capital fixe* ; au point de vue physique, c'est un *objet circulant*.

L'*importance* du capital dans la production est très grande. Parfois il est *nécessaire* pour déployer certaines forces, ou pour se servir de certaines *matières* (par exemple, le *feu*) ; parfois il est *utile* pour *accélérer*, *fortifier* et *transformer* l'action des organes corporels.

La *quantité*, la *qualité* et la *continuité* d'emploi des capitaux sont des *coefficients* très importants du progrès économique.

Sont productifs au point de vue *technique* les capitaux qui créent des *richesses nouvelles* ; au point de vue *économique* ne sont productifs que ceux qui créent des richesses ayant une *utilité* au moins égale à celle qui est *sacrifiée* dans la production.

L'*augmentation* du capital est subordonnée à l'action d'un grand nombre de *causes* qui

influent sur la *possibilité* et sur la *volonté* d'épargner ; elles sont *variables* dans l'*espace*, dans le
temps et selon les *individus*.

Influent sur la *possibilité* de l'*épargne* la
marge que la production laisse au-delà des
nécessités de la *vie*.

Influent sur la *volonté* d'épargner :

1° Les qualités *intellectuelles, originaires* et
acquises, et notamment l'esprit de *prévoyance* ;

2° Les qualités *morales*, et notamment la *tem-
pérance*, développée par l'*éducation* ;

3° La *sécurité juridique* et *morale* de la pro-
priété, et par suite les *institutions* qui la garantissent ;

4° La *quantité* et la *certitude du gain* (*profit*
ou *intérêt*) que l'on peut espérer de l'épargne.

Néanmoins si l'*augmentation* du *capital* contribue au *progrès* de la civilisation, elle en res-
sent, à d'autres points de vue, l'influence.

CHAPITRE III

LES FORMES DE LA PRODUCTION

L'*action combinée* des éléments productifs, considérés dans leur *exercice*, s'appelle *industrie*.

Dans un sens plus *étroit*, on appelle industrie l'activité productive en tant qu'elle constitue une *fonction spéciale*, exercée en vue d'un *gain*.

Il ne faut pas confondre avec l'industrie le travail, qui est l'exercice productif des *facultés humaines*, isolées par la pensée.

L'industrie, *une* dans son essence, est *multiple* dans ses formes ; elle se divise et se subdivise en *groupes* ou *catégories*.

Ces distinctions peuvent être fondées sur la qualité des *besoins* auxquels l'industrie donne satisfaction, ou sur celle des *matières*, des *instruments* et des *procédés* dont on se sert, ou sur celle des *produits* qu'elle fournit.

Si l'on considère le caractère *économique* des différentes branches d'industrie, on a la classification suivante :

I. *Industrie territoriale*, qui a pour objet la

production des *matières premières* et des *denrées alimentaires*, par conséquent :

A) *Industrie extractive*, qui *recherche* les *richesses naturelles* et en *prend possession*. Elle comprend :

1° La *chasse* ;

2° La *pêche* ;

3° La *coupe des forêts naturelles* ;

4° L'*exploitation des mines*.

B) *Industrie rurale* (agriculture au sens large), qui fournit les produits *végétaux* et *animaux*, au moyen d'une *combinaison artificielle* des *forces* et des *matières* de la nature. Elle embrasse :

1° L'*agriculture* (au sens étroit), en y comprenant, en dehors de la culture des *céréales*, des *vignes*, des *prairies*, etc.

a) La *sylviculture* (industrie *forestière*);

b) L'*horticulture* (culture des *fruits* et des *légumes*);

c) La *floriculture*.

2° L'*élevage des animaux*, en y comprenant, en dehors de l'élevage du *bétail* :

a) L'*apiculture* ;

b) La *sériciculture* ;

c) La *pisciculture*.

II. *Industrie manufacturière* (industrie au sens étroit), qui modifie, soit dans la *forme* (*mécaniquement*), soit dans la *substance* (*chimiquement*), les produits de l'industrie territoriale pour les mieux adapter aux besoins de l'homme.

5

III. *Industrie commerciale*, qui *achète* les produits des autres industries pour les *revendre* — sans leur faire subir d'*autres* modifications — dans la *quantité*, dans le *lieu* et dans le *temps* le plus convenables. De là les trois groupes suivants :

1° Commerce qui revend en *gros* ou au *détail* les produits achetés en petite ou en grande quantité (industrie *distributive*) ;

2° Commerce de *transport*, qui rapproche immédiatement ou médiatement les produits des consommateurs (industrie *voiturière*) ;

3° Commerce appelé improprement commerce *de spéculation*, qui revend à un moment donné des produits achetés à un autre moment (industrie de *conservation*).

Ne sont pas des industries pour l'*économie sociale*, mais seulement pour l'*économie privée*, les arts *libéraux*, en tant qu'ils agissent sur l'*homme* et donnent des résultats *incorporels*. Ceux-ci se divisent en trois groupes principaux, selon qu'ils opèrent sur les :

I. *Facultés physiques* :

1° En les *conservant* et en les *perfectionnant*, comme l'hygiène, la gymnastique, l'escrime, l'équitation, la natation, la danse ;

2° En les *restaurant*, comme les arts médicaux.

II. *Facultés intellectuelles*, en les dirigeant vers :

1° Le *vrai*, comme les *sciences* ;

2° Le *beau*, comme les *lettres* et les *arts* (musique, peinture, sculpture, etc.).

III. *Facultés morales*, en les dirigeant vers :

1° La *vertu*, comme l'*éducation* ;

2° La *justice*, la *liberté*, l'*ordre*, comme les arts du *gouvernement*.

Certains *résultats* des arts *intellectuels* ont des formes *matérielles* et constituent par suite des produits, dont s'occupent certaines catégories spéciales de *manufacturiers* et de *commerçants* (éditeurs, typographes, libraires, marchands de tableaux, de statues, etc.).

Bien que l'industrie territoriale puisse être considérée comme *fondamentale* à certains points de vue, toutes les industries sont cependant *également productives*, parce qu'aucune ne peut créer de la *matière*, et que toutes peuvent créer des *utilités*.

Les différentes industries se prêtent mutuellement les *matières*, les *instruments* et les autres facteurs de la production. Chacune d'elles est donc intéressée à ce que les autres soient *prospères*, c'est-à-dire donnent des produits abondants et de bonne qualité.

L'ordre de *succession* des industries dans le *temps* et leur *distribution* dans l'*espace* dépendent de la *disponibilité* des différents facteurs de la production.

BIBLIOGRAPHIE

Fr. J. Neumann, *Grundlagen der Volkswirthschaftslehre*. Tübingen, 1889.

Th. Rob. Malthus, *The definitions in political economy*, 1827 (Réimpr. en 1853).

R. Torrens, *On the production of wealth*, 1821.

W. Ed. Hearn, *Plutology*, etc., 1864 (Réimpr. en 1889).

J. Lehr, *Produktion und Konsumtion in der Volkswirthschaft*. Leipzig, 1895.

E. v. Böhm-Bawerk, *Rechte und Verhältnisse vom Standpunkte der volkswirthschaftlichen Güterlehre*. Innsbruck, 1881.

Ch. Turgeon, *Des prétendues richesses immatérielles* (Dans la *Revue d'Econ. Polit.*, Mai, 1889).

H. Dietzel, *Der Ausgangspunkt der Socialwirthschaftslehre*, etc. (Dans la *Zeitschr. f. die ges. Staatswiss.*, 1883).

Méliton Martin, *Le travail humain*, 1878.

U. Gobbi, *Il lavoro e la sua retribuzione*. Milano, 1881.

Alex. Philip, *The function of labour in the production of wealth*, 1890.

L. J. Gerstner, *Beitrag zur Lehre vom Capital*. Erlangen, 1857.

L. Cossa, *La nozione del capitale*, 1874 (Dans les *Saggi di econ. politica*. Milano, 1878).

G. Ricca-Salerno, *Saggio sulla teoria del capitale*. Milano, 1877.

H. Delwaide, *La théorie du capital*, 1878.

J. K. Rodbertus, *Das Kapital*, 1884.

C. Supino, *Il capitale*, etc. Milano, 1886.

C. Menger, *Zur Theorie des Kapitals* (Dans les Jahrbücher für National-Oekonomie. Jena, 1889).

E. Einarsen, *Begrebet Kapital i Oekonomien.* Kristiania, 1895.

CHAPITRE IV

LE PROGRÈS DE LA PRODUCTION

Le progrès de la production tend à diminuer le rapport qui existe entre la peine et la satisfaction, l'effort et le résultat, le *travail* et le *produit*.

Il constitue un des aspects *économiques* de la *loi du moindre effort*.

La *réduction progressive* du travail n'implique ni sa *cessation*, ni la *diminution* de sa *quantité* absolue, et cela par suite du caractère *essentiellement expansif* des besoins humains et de la *limitation* des richesses naturelles. Ce qui diminue, c'est la quantité *relative* de travail nécessaire pour obtenir *chacun* des *produits*.

Le progrès de la production s'effectue sous la forme :

1° D'une augmentation de produit sans augmentation proportionnelle de dépense (exemple : un produit triple avec une dépense double) ;

2° D'une diminution de dépense sans une diminution proportionnelle de produit (exemple : un tiers de dépense pour une moitié de produit) ;

3º Une augmentation de produit avec une diminution de dépense (exemple : un produit triple avec une moitié de dépense).

Le progrès industriel dépend d'une meilleure *combinaison* des facteurs de la production.

Les causes les plus importantes de ce progrès sont :

1º L'*association du travail* ;

2º L'*emploi des machines* ;

3º La *liberté industrielle* ;

4º L'*instruction* et l'*éducation*.

§ 1. Association du travail.

L'*association* du travail peut être *simple* ou *complexe*.

Dans l'*association simple* (association au sens étroit) un certain nombre de personnes, qui travaillent dans le même but productif, font les *mêmes opérations*, simultanément ou successivement.

Par cette combinaison d'efforts on obtient un *résultat impossible à atteindre* par le travail individuel, ou, du moins, un *résultat supérieur* à celui que l'on pourrait obtenir avec la somme des efforts isolés d'un nombre égal d'ouvriers.

Dans certaines limites l'association simple contribue à augmenter la *quantité* et à diminuer le *coût* des produits (par exemple, dans l'*indus-*

trie territoriale et dans les *arts de la construction*).

L'association complexe, qu'on appelle aussi *division du travail*, procure des avantages plus grands encore.

Elle consiste à distribuer les différentes fonctions productives entre les ouvriers qui accomplissent ainsi des opérations distinctes.

Il y a *deux espèces* de division du travail.

La *première* (division *professionnelle*) consiste dans la répartition des *industries* et de chacune de leurs *branches*, soit entre les différents *individus* (division *personnelle*), soit entre les différents *pays* (division *territoriale*).

La *seconde* (division *technique* ou division du travail au sens étroit) consiste à *décomposer* la fabrication de chacun des produits (des *épingles*, des *cartes à jouer*, des *montres*, etc.) en opérations *différentes*, distribuées entre un certain nombre d'*ouvriers* constamment occupés.

Les *causes* d'où dérivent les *avantages* de la division du travail, notamment de la division *technique* du travail, sont :

1° *L'augmentation*, souvent très notable, d'*habileté* et d'*adresse* de l'ouvrier, accrues par suite de la répétition toujours plus *facile* des mêmes actes ;

2° *L'épargne du temps* nécessaire pour changer de *lieu* et de *position*, et pour changer d'*instruments* ;

3° L'*emploi* plus profitable des ouvriers ayant une habileté différente, puisqu'on peut asssigner les opérations les plus difficiles uniquement aux hommes les plus *robustes*, les plus *adroits* et les plus *intelligents* et utiliser même les *forces plus faibles* pour les opérations *faciles* (*femmes, adolescents, enfants*) ;

4° La *consommation moindre* des *matières premières* et *auxiliaires*, et cela aussi par suite d'un *apprentissage plus court* ;

5° L'emploi *meilleur* et plus *continu* d'un *plus petit nombre d'instruments* ;

6° L'*invention de nouvelles machines*, facilitée par la *simplicité* toujours plus grande des opérations.

La diversité des *inclinations* et des *aptitudes* individuelles, les différences de *lieu*, de *sol* et de *climat*, conduisent à la division du travail, qui s'étend à mesure que le progrès intellectuel en montre mieux les avantages.

La division du travail suppose l'*échange*, qui la rend compatible avec la *multiplicité des besoins*.

La division du travail est *limitée naturellement* :

1° Par la *quantité du capital* ;

2° Par l'étendue du *débouché*, qui est en raison directe :

a) De la *richesse* des consommateurs ;

b) De la perfection des *moyens de transport* ;

c) De la *durée* des produits et du *rapport*

5.

qui existe entre le *prix* des produits et leur *volume* ;

3° De la *nature* de l'industrie, qui peut comprendre des opérations plus ou moins simultanées ou intermittentes (par exemple les opérations *agricoles*).

Certains *inconvénients* (physiques, intellectuels, économiques) attribués à la division du travail, proviennent de l'*abus* qu'on en peut faire, ou sont des effets inévitables du *progrès économique*, qui leur apporte cependant, d'ordinaire, des *remèdes naturels efficaces*.

§ 2. Machines.

On appelle *machines* les instruments plus ou moins complexes, construits par l'homme pour augmenter la productivité du travail *musculaire* ou pour lui substituer l'action beaucoup plus puissante des *forces naturelles*, qu'il *dirige* par son travail *intellectuel*.

Certaines machines sont *nécessaires*, d'autres *très utiles* à la production ; elles offrent des avantages analogues, mais souvent très *supérieurs* à ceux qui dérivent de la division du travail (*filature, tissage, imprimerie, transport*, etc.).

En effet, grâce aux machines, on obtient des produits *plus nombreux, meilleurs* (plus *parfaits* et *homogènes*), de *prix moindre* et parfois des produits *impossibles* sans elles.

Les machines *abrègent* et *simplifient* le travail ; elles l'adaptent aux différentes aptitudes ; elles *débarassent* l'ouvrier de travaux *insalubres* et *avilissants* ; elles augmentent ainsi la possibilité de l'*instruction* et de l'*éducation*.

Les machines portent parfois dommage aux *ouvriers* en *diminuant* le *travail* et sa *rémunération*, et en les obligeant à *changer de profession* et de *domicile*. A ces *dommages*, *accidentels*, *partiels* et *transitoires*, atténués déjà naturellement par la *lenteur relative* avec laquelle les machines sont d'ordinaire introduites, et par le *travail* nécessaire immédiatement pour les construire, les diriger et les réparer, il faut opposer leurs *avantages essentiels*, *généraux* et *permanents*, qui sont très grands.

En effet, la baisse du *coût* des produits, due aux machines et suivie de la baisse du *prix*, due à la *concurrence* et avantageuse à *tous*, provoque nécessairement, d'une façon *directe* ou *indirecte*, dans la *même* industrie ou dans d'*autres*, dans un *pays* ou dans un autre, une *nouvelle demande de travail*, à l'avantage d'un nombre d'ouvriers *égal* ou souvent *supérieur* à ceux qui avaient été dès l'abord licenciés.

§ 3. Liberté industrielle.

La *liberté industrielle* a une grande influence sur l'*énergie* du travail. Elle concerne :

1° Le *choix* de la profession ;

2° Le *lieu*, le *temps* et les *modes* de son exercice ;

3° Le *cumul* des occupations ;

4° Le droit de former des *associations* qui ne touchent pas à la *personnalité* et ne détruisent pas la *responsabilité* des membres.

L'ouvrier libre, poussé par la *crainte* de voir empirer, et par l'*espérance* d'améliorer sa condition, travaille plus et mieux que l'*esclave*, qui n'est retenu que par la seule crainte des *peines corporelles*, qui abrutissent l'intelligence, corrompent le cœur, avilissent la dignité et n'empêchent que les excès de la paresse et de la négligence.

La liberté industrielle, bien qu'estimable *moralement* en elle-même est, même au point de vue *économique*, une notion *négative* (exemption de toute *entrave*), un *moyen* et non un *but*. Si elle était *absolue* (*licence*), elle serait *incompatible* avec l'*ordre* (liberté de tous). Elle doit être *limitée* pour des raisons d'*hygiène*, de *sécurité*, d'*utilité économique*, pour supprimer les *collisions* entre l'*intérêt* souvent *mal entendu*, *momentané, exclusif* du producteur et l'intérêt *vrai, permanent* et *général* de la société.

Accordée à tous, la liberté amène (d'ordinaire, mais *non toujours*) la *concurrence*, c'est-à-dire la *lutte pour le débouché*. Elle empêche les *monopoles artificiels* et procure les avantages suivants :

1° La *division rationnelle* des industriés, des professions et des opérations entre les différents producteurs, selon les *aptitudes* et les *inclinations* ;

2° L'*émulation* dans l'*activité*, la *diligence* et l'*épargne* ;

3° Les *inventions*, les *découvertes*, les *améliorations* de tout genre, d'où dérive, tôt ou tard, la *baisse des prix*, au grand avantage des consommateurs ;

4° L'*abondance*, le *perfectionnement* et le *bon marché* des produits ;

5° L'*équilibre* entre la *demande* et l'*offre*, la *production* et la *consommation*.

§ 4. Instruction et Education.

Les *facultés* de l'homme, *conservées* en suivant les prescriptions de l'*hygiène* (qui prévient les *maladies* et prolonge la *vie*), sont *perfectionnées* par l'*instruction* et par l'*éducation*, qui leur impriment le *maximum* d'*énergie* et augmentent ainsi les *produits* du travail.

Il faut pour cela développer les *aptitudes générales*, puis les *aptitudes spéciales* pour les différentes industries.

Les *facultés physiques* se *perfectionnent* par des *exercices réguliers* et *gradués* :

Les *facultés intellectuelles* se *perfectionnent* par l'*instruction*, qui :

1º Exerce *l'attention*, la *mémoire*, le *raisonnement* et rend ainsi plus efficace le travail intellectuel ;

2º Explique les lois du *monde physique* et du *monde moral* et fournit les connaissances nécessaires pour exercer avec profit les différentes industries.

Les *facultés morales* se perfectionnent par l'*éducation*, qui :

1º *Excite* et *dirige* les tendances *vertueuses* de l'homme, comme l'*activité*, la *prévoyance*, l'*épargne* ;

2º *Prévient* et *réprime* ses habitudes *vicieuses*, comme l'*oisiveté*, l'*imprévoyance*, la *prodigalité* ;

3º *Fortifie* le *caractère*, facilitant ainsi la victoire sur les obstacles de toute sorte qui s'opposent au progrès de l'industrie.

L'*instruction spéciale* (*technique* ou *professionnelle*) est, dans beaucoup de cas, un complément nécessaire des *écoles élémentaires*. Elle est donnée :

1º Dans les *écoles pratiques* (*sédentaires* ou *nomades*) d'*agriculture* et dans les écoles d'*arts et métiers* ;

2º Dans les *instituts secondaires*, qui donnent les connaissances nécessaires à la direction *technique* et *administrative* des entreprises *industrielles* ;

3º Dans les *instituts supérieurs* (des *forêts*, des *mines*, d'*agriculture*, de *commerce*, de *navi-*

gation, etc.), qui préparent à la direction des *grandes entreprises*.

Les *expositions* industrielles (notamment les expositions *générales* et *internationales*), pourvu qu'elles ne soient pas trop *fréquentés*, qu'elles soient bien *agencées*, qu'elles distribuent leurs *récompenses* avec *impartialité*, et qu'elles ne demandent pas de trop grosses *charges* aux contribuables, servent à développer utilement le *progrès technique* et, en particulier, l'*émulation* entre les *producteurs* et l'*instruction*, et elles sont ainsi un avantage pour les *consommateurs*.

BIBLIOGRAPHIE

G. Schmoller, *Das Wesen der Arbeitstheilung und der socialen Klassenbildung* (Dans le *Jahrbuch für Gesetzgebung*. Leipzig, 1890, pag. 45-105).

R. Jannasch, *Die Arbeitstheilung und ihre cultur-historische Bedeutung* (Dans ses *Abhandlungen über Nationalökonomie*, etc. Basel, 1875, pages 1-33).

Backhaus, *Die Arbeitstheilung in der Landwirtschaft* (*Jahrbücher für Nat.-Oekonomie*, 1894).

W. Roscher, *Ueber die volkswirthshaftl. Bedeutung der Maschinenindustrie* (Dans ses *Ansichten der Volkswirtschaft*. Leipzig, 1878).

L. Noiré, *Das Werkzeug*. Mainz, 1880.

J. S. Nicholson, *The effects of machinery on wages*. Cambridge, 1878.

Fr. Passy, *Les machines et leur influence*, etc. 4ᵉ édition, 1886.

A. S. Bolles, *Some moral and economic consequences of using labor-saving machinery*. Philadelphia, 1888.

A. Graziani, *Studi sulla teoria economica delle macchine*. Torino, 1881.

L. Cossa, *La teoria economica delle macchine. Saggio bibliografico* (Dans le *Giornale degli Economisti*, février 1899).

Ch. Dunoyer, *De la liberté du travail*, 1845. Trois vol. Nouvelle édit., 1885.

Aug. Cochin, *L'abolition de l'esclavage*, 1861. Deux vol.

J. A. Cairnes, *The slave power*, 1862 (2ᵉ édition, 1863).

L. Reybaud, *Etudes sur le régime des manufactures*, 1859-74. Quatre vol.

J. K. Ingram, *A history of slavery and serfdom*, 1895.

CHAPITRE V

LES LIMITES DE LA PRODUCTION

Les *limites de la production*, que fait reculer, en partie seulement, le *progrès* économique, intellectuel et moral, consistent :

1° Dans le *défaut de proportion* entre le *travail offert* et le *capital disponible*, c'est-à-dire dans la *surabondance de travail* et dans le *manque de capital*, qui dérivent, le premier, de l'action du *principe de population*, et le second, des multiples causes *individuelles* et *sociales* qui restreignent la *possibilité* et la *volonté* d'épargner, et produisent nécessairement une diminution de la *demande de travail*, ou un *emploi imparfait du capital* ;

2° Dans le *défaut de proportion* entre les différentes espèces de travail disponible, et notamment dans l'*excédent du travail manuel* sur le travail *intellectuel*, qui exige un apprentissage scientifique plus ou moins *dispendieux* ;

3° Dans le *défaut de proportion entre le capital circulant* et le *capital fixe*, et notamment dans la *surabondance* de ce dernier, fréquent aux époques de *spéculation excessive*, avant-coureur des crises. L'*excès* du *capital fixe* est très nuisible, et par suite des *difficultés* et des *sacrifices* inhérent à sa *conversion en capital circulant*, et par les *dommages* qu'il entraîne pour les *ouvriers*, en diminuant les moyens disponibles pour leur rémunération ;

4° Dans la rareté *absolue* et *relative* de certains *éléments naturels* de la production, c'est-à-dire des *matières* et des *forces* contenues dans la terre ou liées à elle ; dont les unes sont vouées à un *épuisement fatal* (mines, carrières), d'autres à un *épuisement possible* (chasse, pêche, forêts), d'autres enfin, bien qu'inépuisables, donnent, si l'on dépasse un certain point, des produits *moins* que *proportionnels* aux *dépenses successives* de *capital* et de *travail* (revenus décroissants).

Mais les *progrès de l'art agricole retardent* l'action limitatrice de la rareté des éléments naturels.

C'est ainsi également que les progrès de l'*instruction* et de l'*éducation* peuvent diminuer beaucoup, mais ne peuvent cependant pas supprimer l'influence des autres causes limitatrices de la production. Cela s'explique parce que le progrès de la *science*, de la *prévoyance* et de la *moralité* rend plus *modérée*, plus *prudente* et plus *rationnelle* l'application des facteurs de la production et en multiplie par conséquent l'effet utile.

Le *progrès économique* est donc d'autant plus

rapide, répandu et *constant* que le *progrès intellectuel* et *moral* est mieux coordonné.

BIBLIOGRAPHIE.

L. Cossa, *I limiti della produzione* (Dans les *Saggi di economia politica*. Milano, 1878).

CHAPITRE VI

L'ORGANISME DE LA PRODUCTION

§ 1. Entreprise.

La *division* toujours croissante du *travail* et celle des *instruments* de production entre différents *individus* rendent nécessaire le système de l'*entreprise*.

On appelle *entreprise* la production faite en vue de l'*échange*, pour le *compte* et aux *risques* du *producteur*.

L'*entrepreneur réunit* et *coordonne* les facteurs de la production ; il *dirige* et *surveille* l'*exécution* et la *vente* des produits.

Le *capital*, dont dispose l'entrepreneur, lui *appartient* en propre ou lui est *prêté*. Il exerce ses *fonctions*, soit *personnellement*, soit au moyen de *mandataires*.

Certains qualifient d'*imparfaite* l'entreprise qui réunit les *facteurs* de la production, mais qui se soustrait à une *partie* des *risques* en attendant les *ordres* des consommateurs.

L'entrepreneur est l'agent *économiquement*

responsable de la production ; spéculant sur la demande, il décide le *genre*, la *qualité* et la *quantité* des produits qu'il doit fabriquer.

L'entreprise, et notamment l'entreprise *parfaite*, comparée à la *production* qui est le fait direct du *consommateur*, ou de sa *famille*, ou d'*ouvriers* payés par lui, offre les avantages suivants :

1º Elle stimule davantage l'*intérêt* du producteur, qui court volontiers les *risques* dans l'espoir des *profits* ;

2º Elle concentre la *demande* et l'*offre* du *capital* et du *travail*, en lui ouvrant un *marché*, où ils peuvent mieux se rapprocher et s'entendre ;

3º Elle emploie d'une façon plus sagace les facteurs de la production ;

4º Elle satisfait *mieux* et plus *promptement* aux besoins des consommateurs.

L'*importance* des entreprises dépend de leur *objet*, de leur *étendue*, et de leur *constitution*.

§ 2. Etendue de l'entreprise.

Au point de vue de l'étendue, c'est-à-dire de la quantité des moyens de production, les entreprises sont *grandes* ou *petites*.

La *grande entreprise*, concentrée généralement dans de vastes *usines*, occupant un grand nombre d'ouvriers d'habileté variée, disposant de capitaux abondants et d'un large crédit, offre les avantages suivants :

1° Le *maximum* d'*économie* dans les *frais généraux* (d'*établissement* et de *roulement*), qui, diminuant relativement avec l'accroissement de la quantité des produits, rentrent pour une part moindre dans leur coût ;

2° Une meilleure *organisation technique* des facteurs de la production, et notamment l'emploi plus *étendu* et plus *rationnel* de la *division du travail*, de *machines puissantes* et, en général, de *systèmes* plus parfaits de *production*, d'où résulte également un moindre *gaspillage* des *matières premières*, le plus grand *emploi productif* des *résidus*, la possibilité d'*inventions* et de *découvertes*, l'augmentation dans la *quantité*, la perfection dans la *qualité*, et la diminution dans le *prix* des produits ;

3° Une meilleure *organisation administrative* pour le choix du *lieu*, du *moment*, des *modes d'achat* des matières premières et pour la *vente* des produits manufacturés, grâce précisément à l'abondance du *capital* et à l'étendue du *crédit* ;

4° La possibilité de *continuer* le travail plus longtemps, en temps de *crise*, pour ne pas perdre les *intérêts* du capital.

La *petite entreprise*, inférieure pour le reste à la grande entreprise, présente certains avantages grâce auxquels, étant donné certaines *con-*

ditions et dans certaines *limites,* elle peut parfois lutter avec elle. Ce sont :

1º La *possibilité* de prodiguer à une petite entreprise des *soins minutieux* et *vigilants,* et de ne pas négliger des *économies* même légères de capital ;

2º Les dépenses plus faibles d'*administration* et de *surveillance,* par suite de l'intervention *personnelle* de l'entrepreneur.

Mais l'*étendue* des *entreprises* a des *limites naturelles,* analogues à celles que nous avons indiquées pour la division du travail.

La *grande* entreprise augmente d'importance avec le développement de la civilisation, mais elle ne se substitue pas complètement à la *petite* entreprise, dont elle se sert même souvent directement. Et ainsi les entreprises se distribuent *naturellement,* selon les conditions variées de *temps* et de *lieu,* et la *nature des produits,* s'adaptant toujours à la *demande des consommateurs,* qui influent nécessairement sur l'organisation des systèmes de production.

§ 3. Constitution de l'entreprise.

Au point de vue de leur *constitution* les entreprises sont *publiques* ou *privées,* et celles-ci se subdivisent en entreprises *individuelles* et en entreprises *collectives.*

Dans l'*entreprise individuelle,* qui est la

forme la plus *commune*, la plus *simple*, et, à égalité de capital, la plus *productive*, l'*intérêt personnel* de l'entrepreneur est plus fort, parce que celui-ci est complètement *libre*, pleinement *responsable* des *pertes* et propriétaire de *tout le profit*.

Les *entreprises collectives*, moins libres et moins promptes, mais d'ordinaire pourvues de *plus grands moyens* personnels et réels, peuvent faire des opérations plus *étendues* et plus *hasardés*, et elles offrent de plus grandes *garanties* de *sécurité* et de *continuité*.

Les entreprises collectives sont constituées, ou par des *capitalistes* (parfois également *propriétaires*), ou par des *capitalistes* et des *ouvriers*, ou par des *ouvriers seuls*.

Les entreprises collectives de *capitalistes* ont une *valeur économique* différente selon le plus ou moins de *responsabilité* des associés. Celle-ci peut être :

1° *Illimitée* pour tous les associés (*sociétés en nom collectif*);

2° *Illimitée* pour certains associés (*gérants*) et *limitée* pour les autres (*commanditaires*) au montant du *capital prêté* (*sociétés en commandite*).

3° Limitée pour *tous les associés* à une somme *déterminée*, c'est-à-dire, en général, au *capital souscrit* (*sociétés anonymes*).

La société *en nom collectif* offre aux tiers le *maximum de garantie*; elle excite l'*activité* et la *vigilance* réciproque des associés indéfiniment responsables, et elle est *spécialement utile* aux industries qui demandent le concours simultané, dans des lieux et des emplois différents, de personnes qui doivent faire des opérations décisives pour assurer le succès de l'affaire.

Mais comme cette forme d'entreprise exige que les délibérations soient prises à l'*unanimité* et que la confiance soit *illimitée* entre personnes ayant une autorité *égale*, mais des aptitudes et des moyens souvent très différents, elle ne peut se constituer qu'entre un *petit* nombre d'associés (liés d'ordinaire par des liens de parenté) et pour un cercle restreint d'opérations.

La *société en commandite* offre aux tiers une double garantie, *personnelle* et *réelle*, parce que ceux qui ne savent pas, ne peuvent pas ou ne veulent pas prendre en main une entreprise, en courant tous les risques, sont souvent disposés à concourir, sans paraître en nom et en courant des risques limités, à la *fondation* et au *développement* d'entreprises dirigées par des *gérants* honnêtes, expérimentés, actifs, mais insuffisamment pourvus de capital leur *appartenant*.

La commandite présente, au contraire, de nombreux dangers quand elle est aux mains de gérants *peu habiles*, ou *peu prudents*, ou *peu honnêtes*, qui, éludant la surveillance parfois superficielle des commanditaires, et risquant plus les capitaux d'autrui que les leurs, font des affai-

res pour leur compte, exagèrent leurs *parts sociales* et cherchent à s'enrichir aux dépens des associés.

L'entreprise *anonyme*, dont se rapproche, au point de vue économique, la *commandite par actions*, est la seule qui puisse entreprendre certaines opérations *colossales* ou exceptionnellement *hasardées*, dans lesquelles personne ne voudrait risquer tout son avoir ; elle s'adapte notamment à celles qui exigent une administration *simple, lente, régulière* et presque *automatique* (*canaux, chemins de fer, mines, banques, assurances*, etc.) ; elle offre enfin l'avantage de pouvoir réunir un *grand capital*, rapidement souscrit, dans l'espérance de profits élevés et par suite du peu d'importance et de la facilité de vente des *actions*.

Elle n'offre cependant pas toujours aux *tiers* des garanties suffisantes ; elle ne se prête pas, par la complication de ses rouages administratifs, aux affaires qui exigent des décisions *rapides* et *énergiques ;* elle est portée à faire des *emprunts* onéreux et de longue durée afin de procurer les *plus grands bénéfices* aux actionnaires ; elle ne met pas suffisamment en jeu la responsabilité des *administrateurs*, même s'ils sont tenus par un cautionnement, parce que, intéressés seulement à une part dans le profit, ils ne trouvent pas toujours une surveillance sérieuse dans les assemblées générales, peu fréquentées par les *actionnaires* trop éloignés du lieu de réunion, indifférents ou simples spéculateurs, et par suite dominées souvent par des oligarchies puissantes. Si, de plus, les administrateurs sont prodigues, négligents, ou *malhonnêtes*, on court de plus gros risques encore : *bilans faux, dividendes fictifs, trafic illicite* d'actions, etc., etc.

BIBLIOGRAPHIE

Korsak, *Les formes de l'industrie* (en russe). Moscou, 1861.

Ch. Laboulaye, *Economie des machines et des manufactures*, 1880.

W. Roscher, *Ueber Industrie in Grossem und Kleinen.* Leipzig, 1861 (Dans *Ansichten der Wolkswirtschaft*, 1878).

G. Schmoller, *Zur Geschichte der deutschen Kleingewerbe.* Halle, 1870.

O. Schwarz, *Die Betriebsformen der modernen Grossindustrie* (Dans *Zeitschrift für die ges. Staatswis*, 1869).

A. E. F. Schäffle, *Die Anwendbarkeit der verschiedenen Unternehmungsformen* (Id. ibid.).

L. Cossa, *Prime linee di una teoria delle imprese industriali.* (Dans *Saggi di econ. pol.* Milano, 1878).

E. Sax, *Die Hausindustrie in Thüringen.* Jena, 1882-84. Deux vol.

E. Cossa, *Concetto e forme della impresa industriale*. Milano, 1888 .

G. Schmoller, *Die geschichtliche Entiwckelung der Unternehmung* (Dans *Jahrbuch für Gesetzgebung*, etc. Leipzig, 1890-94).

TROISIÈME SECTION

Circulation de la richesse

CHAPITRE PREMIER

NOTION DE LA CIRCULATION

La circulation de la richesse comprend la série des actes par lesquels les richesses passent des *producteurs* aux *consommateurs*.

La circulation offre deux *aspects* :

1° L'*échange*, c'est-à-dire le passage des richesses d'une *personne* à une autre ;

2° Le *transport*, c'est-à-dire le passage des richesses d'un *lieu* dans un autre.

Il peut y avoir échange sans *transport* (cela est *impossible* pour les *immeubles*) et transport sans *échange*.

Bien que la production et la consommation ne supposent pas toujours la circulation, cependant, avec l'*accroissement* de la *civilisation*, la circulation augmente continuellement d'importance et devient souvent *nécessaire*. Et cela parce que la production se fonde toujours davantage sur le système de la division du travail, qui nécessite l'échange ; elle prend ainsi une *forme indirecte*, dans laquelle, d'ordinaire, chacun produit des richesses qu'il ne consomme pas et consomme des richesses qu'il n'a pas produites.

La circulation doit être *rapide, régulière, sûre* et *peu coûteuse,* afin que les *lenteurs,* les *encombrements,* les *risques,* les *pertes* et les *dépenses excessives* ne produisent pas de *crises.*

L'échange, c'est-à-dire le transfert *volontaire* des richesses, implique la *mutualité* et l'*équivalence* des prestations ; il est compatible avec le gain *réciproque* des *échangistes,* qui cèdent des richesses *naturelles* relativement *moins utiles* ou des *produits* relativement *moins coûteux* que ceux qu'ils reçoivent.

Les *intérêts* des échangistes ne sont pas cependant *nécessairement opposés,* comme certains le croient, qui voient dans l'échange un *contrat aléatoire,* et ils ne sont pas nécessairement *harmoniques,* comme le croient d'autres, parce que le gain espéré, par défaut de *connaissance* ou de *liberté,* ne se réalisera pas *toujours,* ni pour les *deux* parties, ni dans une mesure *égale.*

L'échange des *richesses* contre des *services* ne fait pas partie de la *circulation* ; si le service est *productif,* il s'agit d'un acte de *répartition* ; s'il est *improductif,* c'est un acte de *consommation.*

Si l'on considère les qualités des *richesses* échangées, l'échange peut être :

1° *Simple* ou *direct (troc),* c'est-à-dire consister dans l'échange de richesses d'*utilité immédiate* ;

2° *Composé* ou *indirect* (*achat-vente*), c'est-à-dire consister dans l'échange de richesses d'utilité *immédiate* contre des produits qui servent de *moyens* d'achat d'autres richesses.

Relativement au *temps* dans lequel se suivent les prestations des échangistes, l'échange peut être :

1° *Ordinaire*, s'il y a échange *simultané* de richesses présentes ;

2° A *crédit*, si on cède une richesse présente contre *promesse* d'un équivalent *futur* ;

3° A *terme*, s'il s'agit de l'échange de richesses *futures*.

Les richesses, en tant qu'elles *circulent*, s'appellent des *marchandises*. Leur *aptitude* à circuler varie en raison de leur *durée*, de la *facilité à les conserver*, de la *quantité* et de la *constance de leur valeur*, etc.

La marchandise la plus apte à circuler est la *monnaie*, appelée pour cela la *marchandise universelle*.

Le territoire dans lequel se font les actes de circulation s'appelle le *marché* ; la *succession* des actes de circulation s'appelle le *trafic*.

———

CHAPITRE II

LA VALEUR

La détermination du *degré d'échangeabilité* des richesses, c'est-à-dire de leur valeur, est la condition nécessaire de l'échange.

La *valeur* est l'aptitude d'une richesse à en procurer d'autres par l'échange, c'est-à-dire sa *puissance d'achat*.

La valeur exprimée en *monnaie* s'appelle *prix*. Le prix est donc une *forme spéciale* de la valeur ; elle est, en pratique, la forme la plus *courante*.

La valeur n'est pas une qualité *intrinsèque* des richesses, mais l'expression d'un *rapport* entre celles-ci.

La valeur est donc, par sa nature, *immatérielle* et essentiellement *variable*.

Comme chaque variation de la valeur d'une richesse suppose une variation *opposée* dans la valeur d'*une* ou de *plusieurs* autres richesses, il n'est pas possible que la valeur de *toutes* les richesses *augmente* ou *diminue* simultanément.

Est possible au contraire une hausse ou une

baisse simultanée des *prix*, parce qu'elle implique un changement opposé dans la valeur de la *monnaie*.

Les *éléments* ou *causes* de la valeur sont :

1° L'*utilité* (au sens *économique* du mot) ;

2° La *difficulté d'achat* des richesses, dérivant, ou de la *limitation relative* de leurs quantités (*rareté*) pour les richesses *naturelles* et pour certaines richesses *artificielles*, qui ne peuvent pas être reproduites, ou des *dépenses* nécessaires pour s'en procurer d'autres.

Par *coût* (*dépenses de production*), en *économie sociale*, on entend la somme des *efforts*, des *privations* et des *risques* inhérents à la production.

Les *richesses artificielles* ont seules un *coût* ; les *richesses naturelles* n'ont que de la *valeur*.

La *loi de la valeur* nous explique pourquoi une quantité donnée d'une richesse s'échange contre une quantité donnée d'une autre, et non contre une quantité plus grande ou plus petite.

Pour établir la *loi* de la valeur on *suppose* que les échangistes ont une *liberté* absolue, une *connaissance* complète du *marché* et le désir exclusif de *gagner*.

Dans la *réalité* interviennent de nombreux éléments *perturbateurs*, comme l'*inertie* (*habitude, coutume*), l'*ignorance*, la *sympathie*, le *patriotisme*, la *vanité*, etc.

Il faut distinguer la *valeur courante* de la *valeur normale*.

La *valeur courante* (ou *de marché*) dépend du rapport qui existe entre la *demande* et l'*offre* des richesses, c'est-à-dire qu'elle augmente ou diminue en raison directe de la première et en raison inverse de la seconde.

La demande représente l'*utilité* des richesses, et l'offre la *facilité* de leur acquisition dans un *temps* et dans un *lieu* donnés.

La *valeur normale* (*naturelle*, *originaire*, *centrale*) est celle autour de laquelle se produisent les *oscillations* continues de la valeur courante.

Pour trouver la *loi de la valeur normale* il faut distinguer les richesses artificielles des richesses *naturelles*.

La valeur normale des richesses *artificielles* suit une loi différente suivant qu'il s'agit :

1° De produits qui peuvent être augmentés *indéfiniment* et *librement* ;

2° De produits dont, pour des raisons *physiques* ou par *défaut de concurrence*, l'*augmentation* est *limitée*, et qui constituent par conséquent un *monopole naturel* ou *artificiel*.

Pour les produits dont l'augmentation est libre et indéfinie, la valeur normale tend à être égale au *coût*.

En effet, si un produit *vaut plus que son coût*, l'intérêt des *producteurs* ou augmente l'*offre* et celui des *consommateurs* en fait diminuer la *demande* ; s'il *coûte plus que sa valeur*, la même cause en fait diminuer l'offre et augmenter la demande. Et ainsi, dans les deux cas, la valeur se rétablit bientôt sur la base du coût.

Pour les produits d'*espèce différente*, mais *connexes* par leurs *frais* de production (viande et laine, poules et œufs, etc.), la valeur normale *totale* est égale au *coût courant* ; la valeur *partielle* dépend de la *demande* et de l'*offre*.

Comme il peut se trouver sur le même marché des produits de la même *espèce* et de la même *qualité*, mais de *coût* différent, qui tendent cependant, par suite de la concurrence des vendeurs et des acheteurs, à avoir la *même valeur normale*, on se demande si celle-ci sera déterminée par le coût le *plus élevé*, par le coût *moyen*, ou par le *plus faible*.

La réponse est différente dans chacun des deux cas suivants :

1° La valeur normale est *déterminée par le coût le plus faible*, quand la production la moins coûteuse *suffit* à satisfaire la demande, en tenant compte de l'augmentation de celle-ci par suite de la diminution de la valeur. Et cela parce que la concurrence des producteurs qui produisent au coût le plus faible, entre eux et avec les autres producteurs, produit son plein effet ;

2° La valeur normale et *déterminée par le coût le plus élevé*, quand la production la plus coû-

7

teuse est *nécessaire* pour satisfaire la demande. Et cela parce que les producteurs qui produisent au coût le plus faible peuvent se servir de la nécessité dans laquelle sont les consommateurs de s'adresser même aux producteurs à coût supérieur et de les rétribuer convenablement.

Le premier cas se rencontre, d'ordinaire, dans les industries *manufacturières* ; le second, dans celles qui sont soumises directement à l'action de la loi limitatrice de la production (les industries *extractives* et les industries *agricoles*).

Pour les produits dont l'augmentation est *restreinte*, parce qu'ils sont l'objet de monopoles, la valeur normale ne peut pas être déterminée par le coût. Le *coût* indique une valeur *minimum*, que la valeur normale peut dépasser, en se fixant au point auquel l'offre est égale à la demande. Et cela parceque les producteurs cherchent la *combinaison* de l'offre et de la valeur qui peut leur donner le maximum de profit.

Pour les *richesses naturelles*, il faut distinguer :

1° Les *richesses naturelles* que l'industrie ne peut *imiter*. Celles-ci ont seulement une valeur *courante*, parce qu'il n'y a pas de coût qui en indique la valeur *normale* ou le *minimum* ;

2° Les *richesses naturelles* que l'industrie peut imiter. Si celles-ci ne suffisent pas à satisfaire la demande, leur valeur *normale* sera déterminée par le *coût* des richesses *artificielles* de même espèce et qualité.

C'est un cas analogue à celui des richesses *artificielles* de coût *divers* ; cependant, comme il s'agit de richesses *naturelles*, le coût *minimum* est *zéro*.

Aux richesses *naturelles* de la première espèce il faut assimiler les richesses *artificielles* de reproduction *impossible* (tableaux et statues anciens ou d'artistes célèbres, etc.), dont la valeur dépend exclusivement de la *demande*.

Il ne peut pas y avoir de mesure *parfaite* des valeurs. Une telle mesure devrait en effet être *invariable* (dans le *temps* et dans l'*espace*), ou tout au moins *varier* d'une façon *exactement mesurable*, alors qu'au contraire toute valeur est formée d'*éléments* (*utilité* et *difficulté d'achat*) qui *varient* d'une façon tout à fait *irrégulière*.

Nous devons donc nous contenter de *mesures approximatives*, soit de la valeur des différentes richesses à égalité de temps et de lieu, soit de la valeur de cette même richesse dans des temps et des lieux différents.

La meilleure *mesure* de la valeur pour les échanges ordinaires est donnée par les *métaux précieux* (*or* et *argent*), qui, par la facilité de leur *transport* et par la *rareté relative* des quantités *ajoutées* ou *retranchées* à la grande masse qui en existe déjà, ont une valeur qui, à de *courts intervalles* de *temps* et de *lieu*, peut *presque* être considérée comme *invariable.*

BIBLIOGRAPHIE

Friedländer, *Theorie des Werthes.* Dorpat, 1852.

K. Knies, *Die nationalökonomische Lehre vom Werth* (Dans la *Zeitschr. f. die ges, Staatswiss,,* 1855.

T. M. C. Asser, *Verhandeling over het staathuishoudkundig begrip der waarde.* Amsterdam, 1858.

S. van Houten, *Verhandeling over de waarde.* Groningen, 1859.

A. E. Fr. Schäffle, *Ueber die ethische Seite der Lehre vom Werthe.* Tübingen, 1862.

C. Menger, *Grundsätze der Volkswirthschaftslehre.* Wien, 1871, pag. 77 et suiv.

L. Wollemborg, *Intorno al costo relativo di produzione,* etc. Bologna, 1882.

Fr. v. Wieser, *Ueber der Ursprung und die Hauptgesetze des wirthschaftlichen Werthes.* Wien, 1884.

E. v. Böhm-Bawerk, *Grundzüge der Theorie des wirthschaftlichen Güterwerthes.* (Dans les *Jahrb. f. Nat. Oekonomie.* Jena, 1886, et Appendice, 1892).

R. Auspitz und R. Lieben, *Untersuchungen über die Theorie des Preises.* Leipzig, 1888.

Ph. H. Wicksteed, *The alphabet of economic science.* Part I, 1888.

R. Zuckerkandl, *Zur Theorie des Preises*, etc. Leipzig, 1889.

Fr. v. Wieser, *Der natürliche Werth.* Wien, 1889.

Joh. v. Komorzynski, *Der Werth in der isolirten Wirthschaft*, Wien, 1889.

G. Valenti, *La teoria del valore.* Roma, 1890.

G. Alessio, *Studi sulla teorica del valore nel cambio interno.* Torino, 1890.

C. A. Verrijn Stuart, *Ricardo en Marx.* s' Gravenhage, 1890.

W. Smart, *An introductim to the theory of value*, 1891.

V. Tangorra, *La teoria economica del costo di produzione.* Roma, 1893.

L. Zaleski, *Theorie de la valeur* (en russe). Kazan, 1893.

G. Ricca-Salerno, *La teoria del valore*, etc. (*Memorie della R. Accademia dei Lincei*, 1894).

L. Cossa, *La teoria del valore. Saggio bibliografico (Giornale degli Economisti*, Gennaio, 1895).

C. Stroever, *Utility and cost as determinants of value*, 1897.

CHAPITRE III

§ 1. Notion de la monnaie.

La *monnaie* est un *produit* qui sert de *mesure commune* des valeurs et de *moyen général* d'échange et de *paiement*.

Comme *mesure des valeurs*, la monnaie (*équivalent universel*) simplifie les relations économiques, parce qu'elle sert de *terme de comparaison* pour la valeur des autres richesses, même quand elle n'agit pas comme moyen d'échange (*compensation, titres fiduciaires*).

Comme *moyen d'échange*, la monnaie remplace le *troc*, qui demande une *réciprocité parfaite* de besoins entre les échangistes, soit en ce qui concerne l'*espèce*, la *qualité* et la *quantité* des richesses, soit en ce qui concerne le *temps* et le *lieu* de l'échange ; celui qui *vend* une richesse d'utilité immédiate, a ainsi l'entière *liberté* de choisir le *temps*, le *lieu*, l'*espèce*, la *qualité* et la *quantité* des produits qu'il veut ensuite acheter.

Comme *moyen de payement* la monnaie sert à un grand nombre de prestations économiques en dehors de l'échange (*impôts, donations*, etc.).

En dehors de ces *fonctions* économiques principales (*originaires*), la monnaie remplit d'autres fonctions *accessoires* (*dérivées*) :

1° Comme moyen ordinaire pour le *prêt* des *capitaux* ;

2° Comme moyen pour *évaluer* et *conserver* les autres richesses.

Juridiquement la monnaie est le moyen *légal* pour éteindre *définitivement* les obligations ; elle jouit du privilège du *cours forcé*.

Le *cours forcé* consiste dans l'obligation de se servir de la monnaie pour les paiements *publics* et, sauf convention contraire, pour les paiements *privés* (*cours légal*) et il exclut le *droit au change* dans une autre monnaie (*inconvertibilité*).

Le concours de certaines qualités économiques et juridiques rend la monnaie *parfaite* ; le manque de quelques unes d'entre elles en fait une monnaie *imparfaite*.

Sont, par exemple, des *monnaies imparfaites* :

1° La monnaie *métallique à cours libre* (*monnaies étrangères*, monnaies *commerciales*) ;

2° La *monnaie métallique à cours légal limité* (*monnaies d'appoint*) ;

3° Le *papier-monnaie*, qui, ayant une valeur *réelle* presque nulle, et une valeur *nominale* dépendant uniquement du *cours forcé* et du *crédit* de celui qui l'émet, constitue une *mesure* toujours variable et par conséquent *imparfaite* de la *valeur*.

La monnaie se distingue de toutes les autres richesses par son utilité purement *indirecte* et, pour ainsi dire, *instrumentale*.

La monnaie, comme *moyen d'échange*, est, comme les *moyens de transport* et de *communication*, un *instrument de la circulation*.

Avec le progrès de la civilisation la *matière* comme la *forme* des monnaies changent. On préfère d'abord certains produits d'usage courant (*bœufs*) ou de transport facile (*peaux, coquillages*); puis on monnaye les *métaux* (*fer, cuivre*) et notamment les *métaux précieux* (*or* et *argent*). On s'est servi de ceux-ci d'abord en *poudre*, en *anneaux*, en *barres*; plus tard ils reçurent de l'autorité *publique* un *contenu*, des *formes* et des *dénominations* spéciales; par la *frappe*, celle-ci en certifia le *poids* et le *titre*, et leur attribua le *cours forcé*.

L'or et l'argent constituent la *matière monétaire des peuples civilisés*, non pas par suite de la volonté *arbitraire* de l'homme, mais par suite de certaines *qualités naturelles* qui les rendent *particulièrement* propres à cet usage. Ces qualités sont :

1º Une *valeur* reconnue universellement à raison de leurs services *industriels*, soit comme matière *auxiliaire*, soit pour la fabrication de certains *instruments* de travail, soit pour la fabrication d'*ornements* d'usage *personnel* et *domestique* ;

2° Une valeur, comme nous l'avons dit, *presque invariable* à de courts intervalles de temps et de lieu ;

3° Une *valeur considérable* par rapport à la *masse* et par rapport au *volume*, de façon à pouvoir les *utiliser*, les *transporter* et les *cacher* très facilement ;

4° Une grande *inaltérabilité physique* et *chimique* et, par suite, une grande *durée* ;

5° Une extrême *divisibilité* qui les rend aptes aux *petits échanges*, en même temps qu'une grande *facilité de recomposition* sans subir de perte, parce que la *valeur des parties* réunies égale la *valeur de la totalité* ;

6° Une *homogénéité parfaite*, parce qu'il s'agit de corps simples qui n'ont qu'un *seul* état moléculaire et qui sont par suite de même *qualité*, malgré la diversité de leurs lieux d'origine ;

7° Une *facile* et *peu coûteuse fabrication* ; mêlés à une *certaine* quantité de métaux inférieurs (*alliage*), ils acquièrent une consistance qui les rend aptes à recevoir et à conserver l'*empreinte* qui en défend l'*intégrité* et en atteste *officiellement* la valeur ;

8° Une *grande facilité à être reconnus* par la *couleur*, le *poids*, le *son* et, dans le doute, par l'*essayage chimique*, perfectionné par la docimasie moderne.

7.

§2. Valeur de la monnaie.

La *valeur de la monnaie*, ou sa puissance d'achat, se compose des mêmes *éléments* que ceux qui forment la valeur des autres richesses, et, comme celles-ci, elle se distingue en *valeur courante* et en *valeur normale*.

La valeur *courante* de la monnaie dépend de l'*offre* et de la *demande* ; la valeur *normale* dépend du *coût* (*frais de production*).

Par *offre de la monnaie* on entend la *quantité* (masse) de monnaie circulante multipliée par la *rapidité* de la circulation, c'est-à-dire par le nombre moyen d'achats faits par chaque monnaie dans une somme donnée d'échanges.

L'augmentation de l'offre de la monnaie, sans augmentation correspondante des achats, amène une *diminution de la valeur* de la monnaie et une *augmentation de la valeur* des autres richesses.

La *diminution de l'offre* de la monnaie, sans une diminution correspondante des achats, amène une *augmentation de la valeur* de la monnaie et une *diminution de la valeur* des autres richesses.

Par *demande de la monnaie* on entend la *quantité des richesses* mises en vente, c'est-à-dire leur *offre*. Elle est plus constante que la demande de toute autre espèce de richesse.

Les variations *notables* et *soudaines* de la *valeur de la monnaie* sont une cause de perturbation des relations contractuelles et de la *distribution* de la richesse.

Elles trouvent nécessairement leur manifestation dans les variations *inversement proportionnelles des prix*. *Plus grande* est la puissance d'achat de la monnaie à l'égard des autres richesses, *plus petite* doit être la puissance d'achat des autres richesses à l'égard de la monnaie.

Le *coût* (*frais de production*) de la monnaie comprend :

1° Le *coût* des *métaux précieux* ;

2° Le *coût* du *monnayage*.

Pour les pays qui ne possèdent pas de mines le *coût* des *métaux précieux* dépend :

1° Du *travail* et du *capital* employés dans la *production* des *richesses* échangées contre les *métaux précieux importés* ;

2° De la part des *frais de transport* des métaux précieux qui, par l'action de l'offre et de la demande, sont à la charge du pays qui les achète.

La *répartition internationale* des métaux précieux ne se fait pas, cependant, à *égalité* de conditions.

La *valeur* des métaux précieux est *élevée* et le *prix* des marchandises est *bas* dans les pays,

1° Qui ont des industries *peu florissantes*, ou qui fournissent des produits de *transport difficile*;

2° Qui sont très *éloignés* des régions minières, ou qui ne peuvent pas se procurer *directement* les métaux.

Avec le *progrès* de la civilisation la valeur des métaux précieux est allée en *diminuant* graduellement ; cela s'est produit toutefois dans des proportions plus grandes pour l'*argent* que pour l'*or*.

BIBLIOGRAPHIE

Ch. Liverpool, *A treatise on the coins of the realm*, etc. Oxford, 1805 (Réimpr. en 1880).

N. W. Senior, *Three lectures on the cost of obtaining money*, 1830.

J. G. Hoffmann, *Die Lehre vom Gelde*, 1838.

M. Chevalier, *La Monnaie*. 2e édition, 1866 (1re édit., 1850).

Stephen Colwell, *The ways and means of payment*. Philadelphia, 1859.

Karl Knies, *Das Geld*, 1873 (2e édit., 1885).

W. St. Jevons, *Money and the mechanism of exchange*, 1875 (trad. franç., Paris, 1876) 8e édit., 1887.

F. A. Walker, *Money*, 1878. Nouvelle édit., 1891.

A. Messedaglia, *La moneta e il sistema monetario in generale* (*Archivio di Statistica*, Années VI et VII, Roma, 1881-1883.)

R. Hildebrand, *Die Theorie des Geldes*. Jena, 1883.

A. De Viti De Marco, *Moneta e prezzi*, etc. Città di Castello, 1885.

L. Walras, *Théorie de la monnaie*, 1886.

E. Süss, *Die Zukunft des Goldes.* Wien, 1877.

H. Pasche, *Studien über die Geldentwerthung,* 1878.

Ad. Soetbeer, *Edelmetallproduktion,* etc. Gotha, 1879.

W. Lexis, *Beiträge zur Statistik der Edelmetalle* (Dans les *Jahrb. f. Nationalökonomie,* 1880).

A. Del Mar, *A history of the precious metals, from the earliest times,* etc., 1880.

E. Seyd, *The fall in price of silver,* 1876.

A. Loria, *Studi sul valore della moneta.* Torino, 1891.

J. S. Nicholson, *A treatise on money,* etc. (3º édition, 1895).

M. Bourguin, *La mesure de la valeur et la monnaie,* 1895.

CHAPITRE IV

LE CRÉDIT

Dans les *échanges* à *crédit* ou *fiduciaires* l'un des contractants (*créancier*) cède une richesse *présente* à l'autre (*débiteur*), qui lui *promet* un équivalent *futur*.

L'échange à crédit se résoud dans la *faculté accordée* (crédit *actif*) et reçue (crédit *passif*) de se servir d'une partie de la *richesse existante*.

Au point de vue des *personnes*, on distingue :

1° Le crédit *public*, si le débiteur est l'*État*, le *Département* ou la *Commune*, etc. ;

2° Le crédit *privé*, si le débiteur est une personne *physique* (crédit *individuel*), ou *morale* (crédit *collectif*), mais n'ayant pas un caractère politique.

Au point de vue des *garanties*, on distingue :

1° Le crédit *réel* si le débiteur (ou d'autres pour lui) garantit sa promesse en offrant au créancier un *droit* sur une partie de sa richesse mobilière (*gage*), qui peut être *conservée* par le débiteur, *remise* au créancier, ou *gardée* par un tiers, ou sur une partie de sa richesse *immobilière* (*hypothèque*).

2° Le crédit *personnel*, qui repose sur la simple *promesse* du débiteur.

Au point de vue des *buts* auxquels il peut servir, on distingue :

1° Le crédit à la *consommation*, si le débiteur *consomme* la richesse reçue et doit par suite en restituer une autre ;

2° Le crédit à la *production*, si le débiteur *emploie* comme *capital* la richesse reçue, soit dans le commerce (*crédit commercial*), soit dans l'industrie manufacturière (*crédit industriel*), soit dans l'industrie territoriale (*crédit foncier* et *crédit agricole*).

Le crédit naît et se développe lorsqu'existent certaines *conditions individuelles* et *sociales*, plus ou moins favorables.

Les *éléments individuels* du crédit sont la *possibilité* et la *volonté* du débiteur de satisfaire à sa promesse.

La *possibilité de payer* (*solvabilité*) dépend :

1° Des *qualités physiques* (santé et force) qui donnent l'aptitude au travail ;

2° Des *qualités intellectuelles*, c'est-à-dire de l'habileté industrielle, *naturelle* ou *acquise* ;

3° Des *qualités économiques*, c'est-à-dire de la *quantité* et de la *disponibilité* de la richesse possédée.

La *volonté* de payer dépend des *qualités morales* (*honnêteté, économie*), etc.

Les *éléments sociaux* du crédit, qui parfois suppléent au défaut de moralité *individuelle*, concernent l'*état général* de chaque pays, c'est-à-dire :

1° L'*état moral* (influence du *caractère* et de l'*opinion publique* sur la ponctualité dans les *engagements*) ;

2° L'*état juridique* (lois *civiles, commerciales, de procédure*, etc.) ;

3° L'*état politique* (*constitution* et *administration*), et notamment l'état *financier* (lois *financières*) ;

4° L'*état économique* (*abondance* du capital, bonté des systèmes de *production* et de *circulation*, *taux* plus ou moins élevé du *profit* et de l'*intérêt*).

Les *avantages* du crédit sont nombreux, en particulier du crédit à la production. En effet :

1° Il rend les capitaux *plus actifs* :

a) En les faisant passer des mains de ceux qui ne *peuvent* ou ne *savent* pas les faire valoir dans les mains d'autres personnes qui ont la possibilité, l'aptitude et la volonté nécessaires ;

b) En *accélérant* leur emploi ;

c) En rendant possible les *grandes entreprises*, grâce à l'*union* de nombreux capitaux.

2° Il excite à la *formation de nouveaux capitaux* en facilitant leur emploi *indirect* (caisses d'épargne, banques de *dépôt*, sociétés d'*assurance*);

3° Au moyen des *compensations* et des titres *fiduciaires* il rend disponible beaucoup d'or et d'argent. Ainsi :

a) Les *différences* de prix diminuent ;

b) Le service de caisse dans les *banques* est rendu plus *simple* et plus *rapide* ;

c) On évite les *dangers* et les *frais de garde*, de *comptabilité* et de *transport* de la monnaie.

4° Il permet de *jouir* par *avance* du fruit de son *propre travail futur*, en permettant de disposer du produit d'un *travail présent* fait par d'autres, et cela :

a) Pour subvenir à des *dépenses extraordinaires* et *urgentes* ;

b) Pour *atténuer*, en les répartissant dans le temps, les *dommages* résultant d'*accidents graves* ;

c) Pour acquérir de *nouvelles aptitudes* au travail.

Cependant, si le crédit ne crée pas les capitaux, il en provoque cependant *indirectement* la multiplication, il en augmente la productivité par les *virements*, par les *titres fiduciaires* et par une plus grande *extension* et *continuité* dans les opérations productives.

On peut *abuser* du crédit, soit en faisant des dépenses *excessives*, soit en se livrant à des *spéculations aventureuses*, qui causent souvent la ruine de familles entières et parfois des perturbations encore plus étendues dans l'ordre économique (*crises*).

BIBBIOGRAPHIE

F. Nebenius, *Der öffentliche Credit.* 2ᵉ édit. 1 vol.. Carlsruhe, 1829.

A. Ciezkowski, *Du crédit et de la circulation.* 3ᵉ édition, 1884.

Kumpf, *Die wirthschaftliche Natur des Darlehens* (Dans la *Zeitschr. f. die ges. Staatswiss.,* 1855).

C. Dietzel, *Das System der Staatsanleihen.* Heidelberg, 1855.

G. Cohn, *Ueber Wesen und Werth der Creditgeschäfte* (Dans la *Zeitschr. für die ges. Staatwiss.,* 1868.)

Carl Knies, *Der Crédit,* 1876-79.

M. Schraut, *Die Organisation des Kredits.* Leipzig, 1883.

CHAPITRE V

LES SUBSTITUTS DE LA MONNAIE

La circulation purement *métallique* est la plus *sûre*, mais elle est en même temps la plus *coûteuse*, parce qu'elle enlève à la *production* une grande quantité d'or et d'argent.

La circulation de *papier* n'a pas de base solide ; elle ruinerait rapidement l'État qui l'adopterait.

Il vaut mieux avoir une circulation *mixte*, qui, tout en conservant aux *métaux précieux* la fonction de *mesure des valeurs* et celle de moyen *définitif* de *payement*, les remplace, en partie, comme *moyens d'échange*, au moyen des *compensations* dans les livres des *commerçants*, des *virements* dans ceux des *banques*, et des *titres fiduciaires*, bien différents du *papier-monnaie*.

§ 1. Les titres fiduciaires.

A la différence de la monnaie, les *titres fiduciaires* ont une *valeur* fondée non pas sur la *matière* dont ils sont faits, mais sur le *crédit* de ceux qui les mettent en circulation, et, presque toujours, sur leur *convertibilité* en *monnaie métallique.*

Si l'on considère la *personne* qui les émet, on distinguera les titres fiduciaires *publics* (Etat, département, commune) et les titres fiduciaires *privés* (notamment ceux des commerçants et des banquiers).

Au point de vue de l'*échéance*, les titres sont :

1° *A vue* ;

2° *A terme fixe* ;

3° *A terme indéterminé* avec ou sans droit de dédit, de la part de l'*une* ou des *deux* parties.

Au point de vue de la *forme*, ils consistent en une *promesse* du débiteur (*mandat, billet,* etc.), ou en un *ordre* du *créancier* au *débiteur* (*lettre de change, mandats commerciaux* ou de *banque,* etc.).

Au point de vue des modes de *transfert*, les titres sont :

1° *Nominatifs*, transmissibles par *acte spécial* (cession), ou par *inscription* sur des registres spéciaux ;

2° *A ordre*, transmissibles par *endossement* inscrit sur le titre lui-même ;

3° *Au porteur*, transmissibles par simple *tradition.*

Au point de vue de leurs *fonctions économiques* et *juridiques*, les titres sont :

1° *Convertibles, à cours libre* (titres fiduciaires au sens étroit) ;

2° *Convertibles, à cours légal*;

3° *Inconvertibles, à cours libre.*

Ces deux dernières catégories, bien qu'elles se rapprochent par certains côtés du *papier-monnaie*, en diffèrent *essentiellement*.

Les titres fiduciaires remplissent leur rôle de *moyen d'échange* et de moyen *provisoire* de *payement* plus ou moins parfaitement, suivant qu'ils sont plus ou moins *sûrs*, que leur *échéance* est plus ou moins proche, que leur *circulation* est plus ou moins facile, que leur *valeur* est plus ou moins *constante*, etc.

Les titres fiduciaires les *plus importants* sont :

1° La *lettre de change*, dont on se sert également dans les *payements internationaux ;*

2° Le *mandat* et notamment le mandat de banque ;

3° Le *billet de banque* à *vue* et au *porteur.*

L'importance *relative* (dans l'*espace* et dans le *temps*) des différents titres fiduciaires varie avec les *usages*, le développement du *crédit*, les facilités ou les restrictions légales, etc.

Bien qu'il soit *essentiellement* identique aux autres titres fiduciaires, le *billet de banque* leur est parfois *préférable* pour des raisons de *forme.* Ce sont :

1° La *solvabilité* plus généralement *connue* de celui qui l'émet ;

2° La possibilité de le *transmettre sans* courir de *responsabilité ;*

3° La certitude et la commodité du *rembour-sement* ;

4° Le fait qu'il représente une *somme ronde*, et parfois la petitesse de la somme qu'il repré-sente.

Certains cependant relèvent dans le billet de banque une *différence essentielle* avec les autres titres fiduciaires, parce qu'il n'a pas toujours pour *origine* d'autres affaires commerciales (comme la *lettre de change* et le *chèque*), et qu'il est *créé* parfois uniquement comme *moyen d'é-change*.

§ 2. Le Papier-monnaie.

Le *papier-monnaie*, dont la *valeur* repose sur le *crédit* de celui qui l'émet, et sur le *droit* de s'en servir pour tous payements, diffère des titres fiduciaires en ce que le privilège du *cours forcé* le rend *juridiquement égal* à la *monnaie métal-lique* comme moyen *définitif* de payement.

Comme le papier-monnaie (d'*État* ou de *ban-que*) a cours dans les États qui se trouvent dans de mauvaises conditions financières, il arrive presque toujours que, tôt ou tard, on augmente sa *quantité* au-delà des besoins de la circulation, et alors la monnaie métallique se *cache*, ou est *mise au creuset*, ou *émigre*. C'est précisément par suite de cette disparition de la *monnaie métallique* de la circulation que le *papier-mon-*

naie usurpe la fonction de *mesure commune des valeurs*, qu'il remplit fort mal, parce que sa valeur varie d'une façon *continue* et *irrégulière* même à de *courts intervalles* de temps et de lieu

Ces *variations* de valeur agissent sur les *métaux précieux* (*agio*) ou sur le *prix nominal* des autres *marchandises*.

L'*agio* dépend du *crédit* de l'Etat, de la *quantité* du papier-monnaie et de la *demande* plus ou moins grande de métal pour les paiements à l'*étranger*.

Le *renchérissement* des marchandises, d'ordinaire *plus faible* et *plus lent* que l'*agio*, se présente sous deux formes. C'est soit une *augmentation directe* de valeur, dépendant de la *quantité* du papier, de la *proportion* entre la quantité *accumulée* (*capital* pour l'*économie privée*) et la quantité qui entre dans la circulation, de la *qualité* des entreprises auxquelles il sert, etc ; soit une *augmentation indirecte de valeur*, dépendant de l'*agio*, c'est-à-dire du rapport entre les *importations* et les *exportations*. Il se propage avec une *extension* et une *intensité* différentes suivant la qualité des produits *importés* pour la consommation intérieure, ou comme *instruments* et *matières* plus ou moins influentes sur le prix des produits nationaux.

Comme le renchérissement des *prix*, pour certaines marchandises *nationales*, est *inférieur*

au taux de l'*agio*, il en résulte une augmentation des *exportations* et une diminution des
importations, que l'on doit payer en *monnaie
métallique*. Ainsi s'explique la *sympathïe* des
protectionistes pour le papier-monnaie.

Les *inconvénients* du papier-monnaie sont *très
graves* et *généraux*. Il est dommageable, d'abord,
à ceux qui, par des *conventions* antérieures sti-
pulées en monnaie métallique, sont *créanciers* de
capitaux ou de *revenus* fixes, que l'on peut payer
ou rembourser en papier-monnaie déprécié. Les
dommages s'étendent, parce que le papier-monnaie rend *aléatoires* tous les *contrats*, notamment
les contrats faits à l'*étranger* et à *long terme*, pour
lesquels le commerce exige de fortes *primes d'assurance*, qui augmentent le renchérissement des
prix. Le papier-monnaie provoque le *rehausse-
ment* du taux de l'*intérêt* et de l'*escompte* ; il provoque également les *spéculations*, d'ailleurs inévitables des *cambistes* et des *banquiers* sur l'agio des
métaux précieux ; il décourage l'*épargne* et il
peut difficilement être limité à une certaine quantité, parce que l'*épuisement progressif* de l'or et
de l'argent, en provoquant le besoin d'*autres
moyens d'échange*, pousse l'État à mettre en
cours du nouveau *papier*.

BIBLIOGRAPHIE

A. Wagner, *Die russische Papierwährung*. Riga,
1868.

C F. Ferraris, *Moneta e corso forzoso*. Milano, 1879.

S. Piperno, *Sulla teoria dell'aggio* (*Archivio di Statistica*, 1879).

Th. Hertzka, *Wechselcurs und Agio*. Wien, 1894.

M. Ferraris, *Il rialzo del cambio* (*Nuova Antologia*, 1 novembre 1898).

CHAPITRE VI

LES BANQUES.

Les actes de crédit se font *directement* ou *indirectement* avec le concours d'*intermédiaires* qui rapprochent l'*offre* et la *demande de capitaux.*

Le *crédit direct* est souvent *impossible* :

1° Parce que les parties ne *connaissent* pas leurs besoins réciproques ;

2° Par manque de *confiance* du créancier dans la solvabilité du débiteur ;

3° Parce que les *conditions* respectives ne sont pas les mêmes sur :

a) La *quantité* des *capitaux* offerts et demandés ;

b) L'*époque* et les *modes* de *restitution* ;

c) Le *taux* de l'*intérêt.*

Dans le *crédit indirect*, les *cautions* et les *agents de change* rapprochent le débiteur du créancier.

Les banquiers qui négocient le *capital* sous sa forme *abstraite (monnaie* et *titres fiduciaires),* sont des intermédiaires plus utiles encore.

Ils *empruntent* aux uns, en effet, envers lesquels ils s'obligent directement, pour *prêter* aux autres, qui s'obligent directement envers eux. Ils constituent ainsi un *centre* vers lequel affluent les offres et les demandes de capitaux, par suite de leurs nombreuses *relations* et des larges *moyens* dont ils disposent, et par l'effet de leur *compétence* et leur *solvabilité* connues.

Les *banques* (entreprises *collectives* de crédit) peuvent faire des opérations plus étendues que les *banquiers* particuliers. Elles ont, en effet, un *capital* beaucoup plus considérable, de *roulement* comme de *garantie* ; elles ont des *connaissances* et des *relations* encore plus étendues ; elles mettent en cours des *titres fiduciaires* plus facilement acceptés ; elles gagnent la confiance par la *publicité* et la *régularité* de leurs *bilans*, et elles courent des *risques* moindres, parcequ'ils sont *toujours* répartis entre des associés qui n'ont *souvent* qu'une *responsabilité limitée*.

Les *opérations* de banque se divisent en opérations *principales* (*de crédit*) et en opérations *accessoires* (*de caisse*). Les premières se subdivisent elles-mêmes en opérations *passives* et en opérations *actives*.

Par ses *opérations passives*, la banque *reçoit* du *crédit*, c'est-à-dire devient *débitrice*.

Par ses *opérations actives*, la banque *fait* du *crédit*, c'est-à-dire devient *créancière*.

Le principe *fondamental* de toute entreprise de banque consiste dans l'harmonie entre les opérations *actives* et *passives*, c'est-à-dire la dépendance qu'il doit y avoir entre celles-là et celles-ci, et cela parce que le crédit *donné* par les banques doit nécessairement se proportionner au crédit qu'elles *reçoivent*.

Le *profit* des banques consiste dans la *différence* entre les *intérêts* qu'elles payent et ceux qu'elles reçoivent, dans les *salaires* (*commissions*) pour leurs opérations de *caisse*, et dans l'*intérêt* du capital qui leur appartient.

Une banque ne fait que rarement *toutes* les opérations de crédit. De là différentes espèces de banques, qui, eu égard notamment à la *nature* de leurs *opérations*, se distinguent en :

1° Banques *commerciales* (ou simplement *banques*) :

a) De *dépôt* et d'*escompte* (ou simplement d'*escompte*) ;

b) De *dépôt*, d'*escompte* et de *circulation* (ou simplement de *circulation*).

2° Banques (ou *instituts*) *territoriales* :

a) De crédit *foncier* ;

b) De crédit *agricole*.

3° Banques (ou *instituts*) *industrielles* ;

a) De crédit sur *marchandises* ;

b) De crédit *mobilier*.

CHAPITRE VII

LES BANQUES COMMERCIALES

Les banques *commerciales*, qui sont les plus importantes et les plus répandues, procurent, notamment aux commerçants, le capital *circulant* à *courte échéance*.

Grâce à leurs opérations passives, ces banquiers disposent de capitaux qui resteraient sans emploi (fonds de caisse), ou qui sont *pour le moment* sans emploi. Ces capitaux sont remboursés :

1° A *vue* ;

2° Après *avis* (par exemple à quinze jours) ;

1° à *terme fixe* (par exemple à trois mois).

Les prêts faits aux banques commerciales sont *directement productifs (intérêt)* ou *indirectement productifs (services de caisse)*, ou *improductifs*, comme, d'ordinaire, les prêts à vue.

Les opérations passives les plus courantes sont :

1° Les *dépôts*, pour lesquels la banque délivre des *carnets*, des *quittances*, des *bons de caisse*, d'ordinaire transmissibles par endossement ;

8.

2° Les *comptes-courants,* dont le client de la banque dispose au moyen de *mandats* ou de *chèques* (*checks*), c'est-à-dire d'ordres de payement qu'il remet à ses créanciers, pour qu'ils se fassent rembourser par la banque au moyen de *l'actif* (*monnaie* ou *titres fiduciaires*) qu'il a dans cette banque. Celui qui reçoit un chèque et qui n'est pas un client de la banque débitrice, le remet à son banquier, qui le passe à son crédit et en opère le recouvrement. Les banques devenant ainsi respectivement débitrices et créancières de sommes considérables pour les mandats et les autres titres de leurs clients, ont l'habitude (notamment en *Angleterre* et aux *Etats-Unis*) de compenser chaque jour leurs dettes et leurs créances dans un *établissement de liquidation* (*clearing house*), où leurs employés échangent entre eux les *titres acceptés* et payent les différences, le plus souvent au moyen de mandats sur une banque commune, qui est parfois ce même *établissement de liquidation.*

3° Les *billets de banque,* qui sont des *promesses* de payer *à vue* et au *porteur* les sommes qu'ils indiquent. Ces billets, soit par la *stabilité* de leur *valeur*, soit pour d'autres raisons (indiquées au chapitre V, § 1) constituent un *moyen d'échange* généralement accepté.

Par ses opérations *actives* la banque prête les capitaux de ses *créanciers*, et parfois les *siens* propres (de ses *associés*).

Les principales *opérations actives* sont :

1°. *L'escompte des lettres de change* ou d'autres titres négociés à la banque, sous déduction anticipée de l'intérêt (*escompte*) pour le temps, — qui ne dépasse pas d'ordinaire trois mois, — qui sépare l'achat de l'échéance. Ces *titres* peuvent être :

a) *Réescomptés* par la banque, qui les endosse ultérieurement, ou

b) *Conservés*, ce qui a lieu le plus souvent, en *portefeuille* jusqu'à l'échéance.

2° Les *avances*, garanties par un *dépôt* :

a) De *marchandises* non encombrantes, qui ne dépérissent pas, de valeur pas trop *variable* (par exemple la *soie*), ou des titres (*lettres de voiture, reconnaissances de dépôt*) qui les représentent :

b) D'*objets précieux* (*or, argent, pierres précieuses, monnaies étrangères*, etc.) ;

c) De *titres de la dette publique, d'actions* et *d'obligations industrielles*, évalués à une valeur moindre que leur valeur courante.

Le taux de l'*intérêt* pour les avances est, d'ordinaire, un peu plus haut que celui de l'*escompte*.

3° Les *prêts en compte-courant* :

a) Sur *couverture* (*garantie hypothécaire* ou *titres* fiduciaires appartenant au client de la banque ou à des tiers) ;

b) A *découvert* (sans *garantie*).

Par ses *opérations de caisse*, les banques se chargent, moyennant une commission, d'encaisser et de *payer* des sommes et de garder de la monnaie, des objets précieux et des titres fiduciaires pour le compte de leurs clients. Elles mettent en circulation également des *bons* et des *lettres de crédit*, facilitant ainsi avec les premiers la *transmission* et avec les secondes le *recouvrement personnel* de l'*argent* auprès de leurs *succursales*.

Les opérations de *caisse*, *accessoires* dans les banques modernes, étaient les seules qui étaient pratiquées dans les *anciennes banques de virement*, qui, par suite, n'étaient pas de véritables établissements de *crédit*. En effet, *ces banques*, de caractère parfois purement local, recevaient en *dépôt* le métal brut ou monnayé de leurs clients et avaient l'obligation de le garder jalousement et de le restituer, contre présentation des *polices*, *cédules*, *reconnaissances de crédit*, ou *ordres* (*verbaux* ou *écrits*) de *payement*, qu'ils exécutaient souvent par simple *transcription* sur leurs *registres*, appelée pour cela *virement*.

Les banques de crédit prirent naissance quand les *banques de virement* (dans certains pays les *changeurs*, les *caissiers*, les *joailliers*), afin de ne pas conserver sans les utiliser les sommes déposées, en prêtèrent une partie aux commerçants et mirent en circulation (en les substituant aux anciens *récépissés de dépôt*), des *promesses de payement* à l'*ordre* et, plus tard, au *porteur*.

Les grandes *banques commerciales modernes*,

travaillant avec leurs *fonds propres* ou avec des *fonds prêtés*, font le *crédit direct* et *indirect*, et elles offrent comme garantie à leurs créanciers le *capital*, la *réserve métallique*, le *portefeuille*, la *publicité* qui leur est imposée par la loi.

La *principale* différence entre les banques *d'escompte* et les banques de *circulation* consiste en ce que ces dernières, en se servant non-seulement de leur argent et de celui d'autrui, mais aussi de *billets à vue* et au *porteur* (au moyen desquels ils reçoivent du public un prêt en grande partie *improductif*) peuvent étendre beaucoup plus leurs *opérations actives*, au grand avantage des commerçants.

BIBLIOGRAPHIE.

Th. Tooke, *History of prices*, 1838-57. Six vol. (Trad. all. de C. W. Asher. Dresde, 1858-59).

P. Rota, *Storia delle banche*, Milano, 1874,

J. W. Gilbart, *The history, principles and practice of banking*. Nouv. édition, 1882. Deux volumes.

J. G. Courcelle-Seneuil, *Traité théorique et pratique des opérations de banque*, 1853. 6° édit. 1876. (7e édit., de A. Liesse, 1895).

Ad. Wagner. *System der deutschen Zettelbank-Politik* (2e édit., Freiburg i. Br., 1873).

C. F. Ferraris, *Principii di scienza bancaria*. Milano, 1892.

A. De Viti de Marco, *La funzione della banca,* 1898.

J. Fullarton, *On the regulation of currency,* 1844. (2ᵉ édit. 1845).

Ad. Wagner, *Die Geld und Credittheorie der Peel'schen Bankacte.* Wien, 1862.

W. Bagehot, *Lombart-Street,* 1873 (11ᵉ édition, 1896). Trad. franç., 1874.

M. Schraut, *Lehre von den auswärtigen Wechsel-cursen.* Leipzig, 1882 (2ᵉ édit.).

H. D. Macleod, *The theory and practice of banking,* 1855. 5ᵉ édit., 1892-93. Deux vol.

R. Hildebrand, *Das Chequesystem und das Clearinghouse in London.* Jena, 1867.

E. Nasse, *Bankanweisungen und Banknoten.* (Dans la *Zeitschr. für die ges. Staatswiss.,* 1872).

A. Bayerdörffer, *Das Chequesystem,* Jena, 1881.

C. Berger, *Katechismus des Girowesens.* Jena, 1881.

H. Rauchberg, *Der Clearing-und Giro-Verkehr,* Wien, 1887 (2ᵉ édit., 1897).

L. Kullenbeck, *Der Check, seine wirthschaftliche Natur,* etc. Leipzig, 1890.

CHAPITRE VIII

ÉTABLISSEMENTS SPÉCIAUX DE CRÉDIT.

Les établissements de crédit *territorial* (foncier et agricole) et ceux de crédit *industriel* fournissent du capital aux propriétaires, aux cultivateurs, aux manufacturiers, et cela par des opérations à échéances presque toujours plus longues que celles qui sont accordées par les banques *commerciales*.

§ 1. Crédit foncier.

Les établissements de crédit *foncier* fournissent aux *propriétaires* une partie du capital qui leur est nécessaire pour l'*achat*, la *conservation* et les grandes *améliorations* de leurs biens immobiliers (en particulier *ruraux*), et cela à des conditions difficiles à obtenir par des *prêts directs* et même au moyen d'établissements d'*assurance hypothécaire*.

En émettant des *obligations* foncières à intérêt *fixe* et à échéance déterminée, ou soumises à

des *tirages au sort*, et constituant un *titre* qui a
la *sécurité* de la créance hypothécaire et la
mobilité des valeurs de bourse, les établissements
de crédit foncier se procurent des *fonds* pour
faire leurs prêts, sur première hypothèque (et parfois avec le *privilège* du rachat), aux propriétaires, contre *remboursement* au moyen d'an-
nuités fixes à long terme, qui comprennent une
part *décroissante* d'intérêt et une part *croissante* de capital.

Ce mode de *restitution* presque toujours in-
commode pour les créanciers ordinaires, permet aux débiteurs de faire des travaux de *construction*, d'*irrigation*, de *drainage*, etc., et de
payer leur dette au fur et à mesure que l'augmentation du revenu du fonds en fournit les
moyens.

Le crédit foncier peut être pratiqué par l'Etat,
le département, la commune, par des personnes
morales (caisses d'épargne, etc), ou par des
associations *mutuelles* de propriétaires, ou par
des entreprises de *spéculation* (banques foncières), avec un capital de *roulement* ou simplement
de *garantie* leur appartenant. Ces banques, si
elles sont bien administrées, fleurissent là où
l'*esprit* d'association est peu vigoureux, la propriété très morcellée, et où les associations de
propriétaires ne peuvent pas exercer une *surveillance mutuelle* efficace, par suite de l'étendue
du territoire.

§ 2. Crédit agricole.

Les établissements de crédit *agricole* fournissent aux *agriculteurs*, sur *garantie personnelle*, et parfois avec la garantie *subsidiaire* du *gage* des récoltes et des instruments agricoles, une partie du capital nécessaire à l'*exercice* de l'agriculture, et cela moyennant un *intérêt* plus élevé et à des échéances plus courtes que pour le crédit foncier, mais moyennant un *intérêt* plus bas et des *échéances* plus longues que pour le crédit commercial.

Ces opérations peuvent être pratiquées par des établissements *spéciaux* ou par les établissements de crédit *foncier* (avec une administration *séparée*), ou mieux par des banques *commerciales*, ou mieux encore par des *caisses d'épargne*, des *banques populaires* mutuelles et par des *caisses coopératives* de prêts.

L'organisation du crédit agricole offre de grandes *difficultés*, soit pour la constitution du *gage*, soit pour la *durée* des prêts, soit pour la *circulation* des *bons* (spécialement s'ils sont à vue et au porteur). Ces difficultés sont souvent plus grandes par suite de la faible instruction des agriculteurs, de leur éloignement des grands centres, et des imperfections de la *comptabilité rurale*, du *droit* civil et de la *procédure*.

Les établissements de prêts agricoles (*monti frumentarii*) peuvent être utiles aux petits agri-

9

culteurs s'ils font des *prêts* (mais non des *aumô-nes*) en *nature*,

§ 3. Crédit industriel.

Les opérations de crédit *industriel* compren-nent les opérations de prêt sur *gage de marchan-dises* et les opérations de crédit *mobilier*.

Les opérations de la première catégorie, prati-quées très rarement (dans des limites étroites et avec de sages précautions) par les banques *com-merciales*, sont généralement pratiquées par les *magasins généraux* et les *entrepôts maritimes (docks)*, *directement* par des avances sur les marchandises mises en dépôt, ou *indirectement* en mettant en circulation des titres qui faci-litent les *ventes* (*récépissés* de dépôt) ou les *emprunts* (*warrants*).

Les établissements de *crédit mobilier* ont au contraire pour but d'aider à la *constitution*, à la *fusion*, ou au *fonctionnement* des grandes *socié-tés industrielles*, en leur prêtant leur capital *pro-pre* et celui qu'ils se procurent en émettant des *obligations*.

Ces opérations, toujours aléatoires par suite des variations continues et parfois importantes de la valeur des *actions* et des *obligations* ache-tées par les établissements de crédit mobilier, deviennent extrêmement dangereuses quand les établissements eux-mêmes, déviant de leur but, provoquent la hausse et la baisse de ces titres pour entreprendre des *spéculations* hasardées, causes souvent de *crises* ruineuses.

BIBLIOGRAPHIE

S. Allocchio, *Il credito fondiario in Italia.* Milano, 1880.

J. B. Josseau, *Traité du crédit foncier.* 3e édit. 1884.

L. Sbrojavacca, *Appunti,* etc. *sugli istituti di credito fondiario.* Roma, 1884.

J. Hecht, *Die Organisation des Bodenkredits,* etc. Vol. I. Leipzig, 1891.

F. Mangili, *Il credito agrario.* Milano, 1883.

P. Manassei, *Sul credito agricolo in Italia.* Torino, 1884.

J. Jeanneney, *Le crédit agricole mobilier,* 1889.

L. Wollemborg, *Les caisses rurales italiennes.* Rome, 1889.

L. Durand, *Le crédit agricole en France et à l'étranger,* 1891.

Aycard, *Histoire du crédit mobilier,* 1867.

M. Pantaleoni, *La caduta della Società generale di credito mobiliare italiano.* (*Giornale degli Economisti,* avril 1895).

Struck, *Die Effecten Börse,* etc. Leipzig, 1881.

A. Graziani, *Teoria delle operazioni di borsa.* Siena, 1890.

C. Supino, *La borsa e il capitale improduttivo.* Milano, 1898.

H. Sattler, *Die Effektenbanken.* Leipzig, 1890.

CHAPITRE IX

LE COMMERCE

Bien que le *commerce* soit une industrie *productive* comme les autres, il est aussi l'agent principal de la *circulation*.

Suivant la qualité des *marchandises*, on distingue le commerce des choses *mobilières*, des biens *immobiliers*, et des *papiers de crédit*.

Suivant la provenance des *moyens* qu'il emploie, le commerce est *actif* ou *passif*.

Suivant son *importance*, on parle du *grand* commerce ou du *petit* commerce, et celui-ci est *sédentaire* (magasins, bazars) ou *ambulant* (caravane, foire, commerce ambulant).

Suivant la nature des *routes* qu'il emploie, il est *terrestre*, *fluvial*, ou *maritime*.

Au point de vue du *territoire*, il est *intérieur* ou *extérieur*, et celui-ci se divise à son tour en commerce d'*exportation*, d'*importation* et de *transit*.

Au moyen du commerce d'*importation* on se procure et souvent à l'avantage des deux parties :

1º Des produits qu'on ne pourrait obtenir directement à l'intérieur ;

2º Des produits dont le *coût* de production serait plus élevé si on les obtenait directement à l'intérieur ;

3º Des produits qu'on pourrait obtenir à l'intérieur à un coût *plus bas* qu'à l'extérieur, mais auxquels il convient de substituer des richesses pour lesquelles la différence du coût de production est *encore plus favorable* au pays qui importe ces produits.

Pour porter un jugement exact sur les *avantages* et les *formes* de l'échange *international*, il ne suffit pas de tenir compte du mouvement des *marchandises*, il faut également tenir compte des opérations de *crédit*, des *frêts*, des *gains* et des *dépenses* de tout genre des étrangers qui habitent le pays, comme aussi des *nationaux* établis à l'étranger.

Les paiements internationaux se font d'ordinaire au moyen de *compensations*, opérées par les *banquiers*, qui achètent aux créanciers des commerçants étrangers des *lettres de change* qu'ils revendent à d'autres commerçants, qui doivent faire des payements à l'étranger.

Le *prix (cours)* des lettres de change, en dehors de l'*agio* de la monnaie et de l'*escompte* pour le temps à courir entre l'*achat* du titre et son échéance, est réglé par l'*offre* et par la *demande*.

Si la *demande* des lettres de change étrangères dépasse l'*offre*, le *cours* des lettres de
change est *haut (défavorable)* ; si l'*offre* dépasse
la *demande*, le cours est *bas (favorable)*.

Ces oscillations se maintiennent dans des
limites assez étroites, fixées par les *dépenses de
transport*, d'*assurance* et de *frappe* de la monnaie, que l'on veut précisément épargner par
l'emploi des lettres de change.

Les compensations des dettes et des créances
entre les différentes places se font parfois au
moyen d'opérations appelées *arbitrages*, et qui
consistent dans l'achat de lettres de change
créées dans un pays étranger, dans le but de les
revendre dans un autre pays étranger, en spéculant sur la différence des *cours*.

Cette *spéculation*, comme toutes celles qui se
font sur les différences de prix des *marchandises*,
tend à diminuer les oscillations ; elle est donc,
si elle ne se transforme pas en un simple *jeu de
bourse*, très avantageuse à l'économie sociale.

BIBLIOGRAPHIE

W. Lexis, *Handel* (dans le *Handbuch* de Schön-
     berg. 4e édit., Tübingen, 1898).
R. Ehrenberg, *Der Handel*, etc. Jena, 1897.
J. L. Foster, *An essay on the principle of com-
     mercial exchanges.* Dublin, 1804.
J. Stuart Mill, *On the laws of interchange bet-*

ween nations, 1844 (Dans ses *Essays.* 2ᵉ édit., 1874).

W. C. Mees, *Overzicht van eenige hoofdstukken der staathuishoudkunde.* Amsterdam, 1866.

J. E. Cairnes, *Some leading principles of Political Economy*, 1874.

U. Buzzetti, *Teoria del commercio internazionale,* etc. Milano, 1877.

G. J. Goschen, *The theory of foreign exchanges*, 1861. (16ᵉ édition, 1894) ; trad. franç. par Léon Say.

C. F. Bastable, *The theory of international trade* (Dublin, 1887). 2ᵉ édition, 1897 ; trad. franç. par Sauvaire-Jourdan. Paris, 1900.

A. Beaujon, *Handel en Handelspolitiek.* Amsterdam, 1888.

G. François, *Le commerce*, etc., 1894.

J. Grunzel, *Der internationale Wirthschaftsverkehr*, etc. Leipzig, 1895.

E. Lorini, *La moneta e il principio del costo comparativo*, 1896.

CHAPITRE X

LES TRANSPORTS

Les *moyens de transport* et de *communication*, quand ils ont un but *économique*, réalisent la circulation dans l'*espace*.

Les *moyens de transport* (au sens étroit) transfèrent les richesses des producteurs aux consommateurs ; les *moyens de communication* transmettent les *renseignements* relatifs au commerce.

Les *moyens de transport* comprennent :

1° Les *routes naturelles* et *artificielles*, par *terre* ou par *eau* ;

2° Les *instruments* (véhicules) de *transport*, de *traction* et d'*impulsion*.

Les principales voies de transport sont la *mer*, les *lacs*, les *fleuves*, les *canaux*, les *routes ordinaires*, pavées ou non pavées, les *chemins de fer*, etc.

Les *véhicules principaux* sont les *bêtes* de somme ou de trait, les *charrettes*, les *voitures* (*diligences, omnibus*, etc.), les *bateaux* (à *rame*, à *voile*, à *vapeur*), les *locomotives*, etc.

Parmi les *moyens de communication* on distingue :

1° La *poste aux lettres* ;

2° Le *télégraphe* (notamment le télégraphe *électrique*), le *téléphone*.

Le perfectionnement des moyens de transport et de communication, soit en *quantité*, soit en *qualité* (rapidité, régularité, commodité, sécurité), soit au point de vue du *coût*, est un grand élément de civilisation, parce qu'il facilite non seulement la *circulation*, mais indirectement la *production* et la *consommation* des richesses.

Un bon système de communications offre d'ailleurs des *avantages intellectuels* (diffusion des idées), *moraux* (dépendance mutuelle et fraternité entre les hommes), et *politiques* (*stratégiques* et *administratifs*) ; il est la source d'immenses avantages économiques :

1° Pour les *consommateurs*, auxquels il rend *accessibles* même les produits des pays les plus éloignés, grâce :

a) A la *baisse des frais de transport*, qui sont un élément du *coût* pour les richesses qui sont produites avec des *capitaux* tirés de l'*étranger*, ou qui sont *consommées* en dehors de leur pays d'origine ;

b) A la plus grande *rapidité* du transport, utile notamment pour les marchandises qui ont une *valeur considérable* par rapport à leur *poids* et à leur *volume*, et pour celles qui se détériorent facilement,

9,

2° Pour les *fabricants*, qui, grâce à la plus grande extension du marché, produisent *plus, mieux, plus vite*, et à *meilleur marché* ;

3° Pour les *commerçants*, qui utilisent plus largement les *oscillations* des *prix*, et qui les atténuent par des opérations d'*arbitrage*;

4° Pour la *société* toute entière qui, tout en épargnant du travail et du capital, obtient les mêmes produits.

Le *perfectionnement des moyens de transport* tend :

1° A rendre *égaux* et *constants*, sur des marchés toujours plus vastes, les prix des produits, notamment de ceux de grande valeur, en développant la division internationale du travail et le trafic, qui ne s'occuperait autrement que des produits indigènes et de ceux qui présentent de grandes différences de prix ;

2° A égaliser le taux des *intérêts*, des *profits* et des *salaires*, grâce à la baisse du prix des denrées, et à l'émigration plus facile du travail et du capital ;

3° A diminuer l'inégalité de la *rente*, en la *haussant*, grâce à la plus grande facilité des *exportations*, dans les pays où la récolte est plus abondante et en la *baissant*, grâce à la plus grande facilité des *importations*, dans les pays où la récolte est plus faible.

Les *chemins de fer* l'emportent sur les autres

moyens de transport par leurs avantages économiques. En effet :

1° Ils provoquent l'exploitation des *mines* et
des *forêts*, et parce qu'ils facilitent le transport
des produits de ces industries, et par ce qu'ils
vont rechercher directement le *bois*, le *fer* et le
charbon dont ils ont eux-mêmes besoin ;

2° Ils coopèrent au progrès de l'*agriculture*
en transportant les produits à de grandes dis-
tances et en faisant dépendre le prix de ceux-ci
des conditions du *marché général*, plutôt que
de celles du lieu de *production* ;

3° Ils diminuent les prix des produits manufacturés, sur lesquels la loi limitatrice de la production n'influe qu'*indirectement*, et dont les
dépenses de transport constituent une partie du
coût *proportionnellement* plus grande que pour
les produits agricoles ;

4° Ils concentrent toujours davantage l'industrie manufacturière dans les grandes villes, en
diminuant l'avantage du voisinage des lieux de
production des matières premières et auxiliaires,
et ils poussent à la *division du travail* et à l'*extension* des entreprises, parce qu'il suffit de légères différences de qualité et de prix pour
assurer la prépondérance industrielle sur un
vaste territoire ;

5° Ils sont utiles au *commerce*, en diminuant les
risques et par suite les *primes* d'assurance et le
prix des marchandises ; ils permettent d'élargir

la sphère des opérations tout en employant le même capital ; ils diminuent les *intermédiaires* ; ils facilitent par la *stabilité* des tarifs les opérations à long terme ; ils donnent plus de facilité pour profiter des *variations* des prix ; ils rendent très petite et tout à fait exceptionnelle l'importance, autrefois très grande, des *foires* ; ils changent la direction des *grandes routes commerciales*, etc.

BIBLIOGRAPHIE

M. Chevalier, *Cours d'économie politique.* 2ᵉ édit., Vol. I et II, 1855-58.

Ch. de Franqueville, *Du régime des travaux publics en Angleterre.* 2ᵉ édit., 1876. Quatre volumes.

E. Sax, *Die Verkehrsmittel in Volks-und Staatswirthschaft.* Wien, 1878-1879. Deux vol.

A. de Foville, *La transformation des moyens de transport et ses conséquences*, 1880.

Ch. H. Cooley, *The theory of transportation.* Baltimore, 1894.

R. van der Borght, *Das Verkehrswesen.* Leipzig, 1894.

K. Knies. *Die Eisenbahnen und ihre Wirkungen.* Braunschweig, 1853.

A. Audiganne, *Les chemins de fer aujourd'hui et dans cent ans,* 1858-1863. Deux vol.

O. Michaelis, *Das Monopol der Eisenbahnen.* Leipzig, 1851.

M. Haushofer, *Grundzüge des Eisenbahnwesens.* Stuttgart, 1873.

Ad. Wagner, *Das Eisenbahnwesen als Glied des Verkehrswesens,* etc. Leipzig, 1877.

A. Picard, *Traité des chemins de fer,* 1887. Quatre vol.

J. Lehr, *Eisenbahntarifwesen und Eisenbahn- monopol,* 1879.

E. Engel, *Das Zeitalter des Dampfes,* 1880.

M. Ferraris, *I tramways e le ferrovie stradali.* (*Archivio Giuridico.* Vol. XXII, 1879.)

E. Braschi, *Le tariffe delle strade ferrate,* etc. Milano, 1882.

A. T. Hadley, *Railroad transportation,* etc. New York, 1885.

E. Morpurgo, *La posta e la vita sociale* (*Archivio di Statistica.* Roma, 1883. Anno VII, p. 187- 233.)

K. Knies. *Der Telegraph als Verkehrsmittel.* Tü- bingen, 1857.

G. Schöttle, *Der Telegraph.* Stuttgart, 1883.

A. De Viti, *L'industria dei telefoni,* etc. (*Gior- nale degli Economisti,* Septembre 1890).

QUATRIÈME SECTION

Répartition de la richesse

CHAPITRE PREMIER

NOTION DE LA RÉPARTITION

La *répartition des richesses* comprend la série des actes par suite desquels la *valeur des produits* se partage entre les différentes *classes* de *producteurs*.

De la valeur des produits *nouveaux* (*produit brut*) on retranche la valeur des produits consommés *entièrement* (*matières premières* et *auxiliaires*), ou en *partie* (*usure* des capitaux fixes) dans la production ; il en résulte le *produit net*, qui se distribue entre les producteurs.

La répartition est donc un *échange de produits* contre des *services productifs*.

Ce n'est que dans des cas *exceptionnels* que la richesse ne se distribue pas, mais reste toute entière entre les mains du *seul* producteur. Cela se présente, par exemple, pour le *propriétaire* d'une *terre* qu'il cultive lui-même avec son *travail* et son *capital*.

La *répartition* de la richesse est déterminée par la quantité de la *production* (*dividende*), par le chiffre de la *population* (*diviseur*) et par le *système* de la *répartition*, qui peut être *naturel* ou *artificiel*.

La répartition *naturelle* de la richesse a pour fondement la *propriété privée* des instruments de production (terre et capital) et la *libre concurrence* des producteurs, partiellement modifiée par la *coutume*, la *charité privée* et l'intervention de l'*autorité sociale*.

La répartition *artificielle* de la richesse dépendrait au contraire *exclusivement* de l'*autorité*, arbitre, dans ce cas, même de la *production*.

L'entrepreneur est l'agent *économiquement responsable* de la répartition *naturelle*; d'ordinaire, il rétribue les autres producteurs (*ouvriers, capitalistes, propriétaires*) au moyen d'une part *fixe, payée d'avance, garantie*, et par conséquent indépendante de la valeur du *produit*.

L'ouvrier reçoit le *salaire*, le *capitaliste* l'*intérêt*, le *propriétaire* la *rente*; à l'*entrepreneur* reste le *profit*.

Dans la réalité, on prend souvent part à la répartition des richesses à *plus d'un* des titres ci-dessus.

Une partie de la richesse *répartie* aux producteurs va aux *non producteurs* :

1° En *échange* de *services* nécessaires, ou plus ou moins *utiles*, mais *improductifs* au point de vue de l'*économie sociale*, comme ceux des *fonctionnaires publics*, qui reçoivent un *traitement*, des membres des *carrières libérales*, qui reçoivent des *honoraires*, des *domestiques*, etc. ;

2° Par *libéralité*, pour des raisons de *parenté*, de *bienfaisance*, de *vanité*, au profit de personnes qui, par suite de l'*âge*, de la *maladie*, ou pour d'autres *causes*, ne peuvent pas ou ne veulent pas se procurer elles-mêmes les moyens de subsistance ;

3° Par *violences* ou par *fraudes*, qui ne sont pas toujours prévenues ou réprimées par l'autorité sociale.

Le *revenu* comprend les richesses que l'on peut *consommer* périodiquement sans porter atteinte aux *instruments de production*, c'est-à-dire sans toucher à la *terre*, au *capital* et à l'*aptitude au travail*.

On appelle *nécessaire* la partie du revenu qui sert aux *besoins essentiels* de la vie ; *disponible*, celle qui sert à des besoins non essentiels, et que l'on peut par suite *épargner*.

Le *revenu national* coïncide avec le *produit net national*, après qu'on a fait les *additions* et les *soustractions* de ce que l'on *reçoit* et de ce que l'on *paye* périodiquement pour les *créances* et les *dettes* envers l'étranger.

Le revenu des *producteurs* est dit *originaire*, parce qu'il provient de leur économie, *directement* (entrepreneurs), ou *indirectement* (ouvriers, capitalistes, propriétaires) ; celui des nonproducteurs est appelé *dérivé*, parce qu'il provient de l'économie d'autrui.

BIBLIOGRAPHIE

G. Toniolo, *Sulla distribuzione della ricchezza. Lezioni*. Verona, 1878.

P. Leroy-Beaulieu, *Essai sur la répartition des richesses*, 1881 (4e édit., 1897).

Fr. Kleinwächter, *Das Einkommen und seine Vertheilung*. Leipzig, 1896.

A. Loria, *Analisi della proprietà capitalista*. Torino, 1889. Deux vol.

— La *costituzione economica odierna*. Torino, 1899.

G. Schmoller, *Die Lehre vom Einkommen*. (Dans la *Zeitschr. f. die ges. Staatswis.*, 1863).

R. Meyer, *Das Wesen des Einkommens*, 1887.

L. Cossa, *La distribuzione delle ricchezze. Saggio bibliografico* (*Giornale degli Economisti*, Septembre 1894.)

CHAPITRE II.

LA POPULATION

Le principe de la *reproduction* de l'*espèce humaine*, fondé non seulement sur la *possibilité* physiologique qui est commune à l'homme et à tous les êtres *vivants*, et sur l'*instinct* qui est propre à tous les *animaux*, mais aussi sur les *qualités morales*, se manifeste avec une énergie qui, bien qu'elle ne soit égale ni dans le *temps*, ni dans toutes les *classes*, ni chez chaque *individu*, est certainement *constante*, et qui, si elle ne rencontrait ni obstacles *préventifs*, ni obstacles *répressifs*, serait suffisante pour peupler en quelques années toute la terre.

A cette *tendance* de la population à une *augmentation indéfinie* correspond la *possibilité* d'une augmentation également *indéfinie*, mais, même dans les conditions les plus favorables, beaucoup moins rapide des *moyens de subsistance* c'est-à-dire de l'ensemble des choses nécessaire, à la vie (nourriture, habitation, vêtement, combustible, etc.), dont *dépend* en *fait* la population.

Ce défaut d'équilibre entre l'augmentation *virtuelle* de la population et l'augmentation *réelle* des subsistances a son fondement dans la limitation de la terre habitable et cultivable et dans la *productivité* décroissante des capitaux appliqués, au-delà d'un certain point, à la culture. Ceci enlève toute *importance pratique* à la possibilité abstraite de *multiplication*, — de beaucoup *supérieure* à celle de l'homme, — de certaines espèces *végétales* et *animales.*

Ce défaut d'équilibre que l'on peut démontrer scientifiquement sans avoir recours à l'*hypothèse* des deux progressions, — progression *géométrique* (pour la *population*), *arithmétique* (pour les *subsistances*), — qui, dans chaque cas seraient *liées* et non *indépendantes*, ne peut être éliminé que par des obstacles *positifs* ou *répressifs* qui augmentent le nombre des *décès*, c'est-à-dire par la misère sous toutes ses formes *collectives* (*guerres, disettes, pestes*) ou *individuelles* (manque de *nourriture*, d'*habitation*, etc.), et par des obstacles *préventifs* qui diminuent les *naissances*, c'est-à-dire par la *prévoyance*. Le *vice* dans ses diverses *manifestations* (*prostitution*, mortalité *précoce*) est aussi un obstacle *préventif* et *répressif.*

L'action de ces obstacles, qui impliquent tous une *souffrance*, a une *intensité* différente suivant le degré différent de *civilisation* des peuples et des différentes *classes sociales* ; les obstacles *ré-*

pressifs agissent plus généralement chez les peuples et les groupes moins civilisés, et les obstacles *préventifs* chez les *nations* et les *classes* plus civilisées et par suite plus *prévoyantes*.

Pour supprimer les dommages qu'entraîne un excès *relatif* de *population* et qui, malgré la grande quantité des terrains non *encore cultivés*, sont *réels* et parfois *très graves*, il ne suffit pas que les moyens *préventifs* l'emportent sur les moyens *répressifs* ; il faut encore que les moyens *vertueux* l'emportent sur les moyens *vicieux* que suggère l'égoïsme, il faut l'intervention de la *contrainte morale*, c'est-à-dire l'exercice de la *continence*, aussi longtemps que manquent les moyens *suffisants* pour entretenir et élever les *enfants*.

L'exercice de cette *vertu*, qui est bien différente de l'emploi de certains moyens préventifs réprouvés par la morale, est un moyen d'application *difficile*, mais non pas *impossible*, quand intervient l'influence d'une opinion publique éclairée ; un moyen qui implique un mal *physique* et *moral*, qu'on a souvent exagéré mais qui en tout cas est *moindre* que ceux que produit l'*excès* de population ; un moyen *nécessaire*, parce qu'on ne peut admettre certaines prétendues lois, en vertu desquelles l'accroissement de la population serait en raison inverse de sa *densité* et de l'abondance des *moyens de subsistance*, ou du développement de la *masse cérébrale*, et parce

'on ne peut pas croire non plus que l'augmen-
tion des subsistances est toujours proportionnelle à celle de la population.

L'*efficacité* de la contrainte morale pourra
croître, et avec l'augmentation de l'*instruction* et
de l'*éducation*, qui la fera pratiquer par *plus
d'individus*, et avec le concours d'une forte
opinion publique, mais aussi avec un système
d'*assistance* qui n'encourage pas les mariages
trop précoces, et avec l'aide de l'*émigration* qui,
si elle est impuissante à diminuer l'excès de population, peut en atténuer les *effets*.

On ne peut pas objecter à la contrainte morale
que pratiquée, comme cela est probable, par les
plus *prudents*, elle sera un obstacle à l'action
bienfaisante de la lutte pour l'existence, dans
laquelle les plus faibles doivent disparaître, afin
d'atteindre le plus grand progrès de la race humaine.

Le progrès *agricole* sous toutes ses formes
neutralise en partie le danger de l'excès de population, en accélérant la production des moyens
de subsistance ; et même, jusqu'à un certain
point, la nécessité de pourvoir à une population
croissante est par elle-même un stimulant pour
des *inventions* et des *découvertes* nouvelles.

BIBLIOGRAPHIE

Th. Rob. Malthus, *An essay on the principle of*

population, 1803. Deux vol. (6ᵉ édit., 1826 ; réimpr., 1878).

Ang. Messedaglia, *Della teoria della popolazione principalmente sotto l'aspetto del metodo.* Vol. I. Verona, 1858.

R. v. Mohl, *Geschichte und Literatur der Staatswiss.* 3ʳ. Bd. Erlangen, 1858 ; pag. 409 et s.

L. J. Gerstner, *Die Bevölkerungslehre.* Würzburg, 1864.

G. Rümelin, *Ueber die Malthus'schen Lehren.* (*Reden und Aufsätze.* Tübingen, 1875 ; pag. 305 et s.).

H. B. Greven, *De ontwikkeling der bevolkingsleer.* Leiden, 1875.

J. Bonar, *Malthus and his work*, 1885.

H. Soetbeer, *Die Stellung der Sozialisten zur Malthus'schen Bevölkerungslehre*, 1886.

I. Vanni, *Studi sulla teoria sociologica della popolazione.* Città di Castello, 1886.

E. van der Smissen, *La population*, etc., 1893.

F. S. Nitti, *La popolazione e il sistema sociale.* Torino, 1893 ; trad. franç. Paris, 1897.

E. La Loggia, *Teoria della popolazione.* Bologna, 1893.

F. Fetter, *Versuch einer Bevölkerungslehre*, etc. Halle, 1894.

E. Cossa, *Il principio di popolazime di T. R. Malthus.* Bologna, 1895.

A. Fr. von Fircks, *Bevölkerungslehre und Bevölkerungspolitik.* Leipzig, 1898.

CHAPITRE III

PROPRIÉTÉ PRIVÉE

La *propriété privée* des instruments de production a son fondement dans la *personnalité* humaine, qui imprime son sceau à la matière, pour ainsi dire, par l'*occupation* et le *travail*.

La propriété comprend non seulement la faculté de *jouir*, mais aussi celle de *disposer*, contre *équivalent* ou par acte de *libéralité*, des richesses possédées.

La propriété privée de la *terre* (élément de production *naturel*, *limité* et *perpétuel*), bien qu'elle ne dérive pas du *travail*, comme celle du *capital*, est elle aussi *nécessaire*, dans un état de *civilisation progressive*, et cela pour des motifs de haute *utilité sociale*.

La propriété territoriale *privée* est, en effet, la seule qui permette la *culture intensive*. Elle est de beaucoup préférable à la *chasse*, au *système pastoral* et à la propriété *publique* (de la tribu, de la commune, de l'État), parce qu'elle augmente la *population*, la *concurrence* des cultivateurs et qu'ainsi elle amène le *bon marché* des denrées, à l'avantage général ; parce qu'elle multiplie l'*énergie* du producteur, qu'elle l'excite à l'*épargne* et le pousse à *perfectionner* les systèmes de production.

La propriété, et notamment la propriété foncière, est antérieure à la loi positive, qui la *reconnaît* et la *protège*. Elle trouve cependant dans la loi certaines *limites*, imposées pour des raisons de *moralité*, de *sécurité publique*, d'*hygiène*, et par la nécessité de *conserver* certains produits qui ne sont pas suffisamment protégés par l'action de l'*intérêt privé*.

Les lois sur l'*expropriation forcée*, sur les *servitudes légales* (de passage, d'aqueduc, d'écoulement des eaux), sur les *associations obligatoires* (pour l'irrigation, etc.), sur les bois, la chasse, la pêche, les mines, etc., etc., sont des exemples de ces limitations.

La propriété publique (de la tribu, de la commune, de l'Etat), qui convient aux civilisations naissantes, tout en conservant, dans certaines conditions, une *importance absolue*, perd son *importance relative* par rapport à la *propriété privée*, rendue toujours plus libre et plus sûre, et constituant ainsi un très puissant instrument de progrès.

L'*hérédité* est un complément *naturel* de la *propriété privée*. Elle est une reconnaissance de la volonté *présumée* (*succession légitime*) ou *expresse* (*succession testamentaire*) du proprié-

taire, auquel la loi peut imposer des limites jus-
tifiées par des motifs d'*ordre public* (prohibition
des fidéicommis) ou par la nécessité de protéger
les droits suprèmes, *moraux et économiques*, de
la famille (*réserve*).

Les *socialistes* et les *communistes* sont des
ennemis plus ou moins absolus de la propriété
privée ; ils aspirent à une *répartition artificielle*
de la richesse. Divisés entre eux sur les critères
de la répartition et sur l'*extension* à donner à la
propriété collective, ils sont d'accord pour combattre la *liberté économique*, qu'ils prétendent
injuste et *dangereuse* (1).

BIBLIOGRAPHIE

Ch. Comte, *Traité de la propriété*, 1834. Deux
vol.

Ad. Thiers, *De la propriété*, 1848.

Ad. Wagner, *Die Abschaffung des privaten Grun-
deigenthums*. Leipzig, 1870.

Em. de Laveleye, *De la propriété et de ses formes
primitives*. 1874 (4e édit., 1891).

V. Cathrein, *Das Privatgrundeigenthum*, etc.
3e édit., Freiburg i. Br. 1896.

---

(1) On trouvera des développements plus considérables
sur le socialisme et le communisme dans mon *Introduzione allo studio dell'economia politica*, 3e édit., Milano,
Hoepli, 1892, pp. 531-563 ; trad. franç. Paris, 1899.

CHAPITRE IV

On appelle *salaire* la rétribution *ordinaire* de l'*ouvrier* comme tel, pour le travail qu'il *fournit*.

Par suite de la *qualité* des produits qui le constituent, le salaire peut être :

1° En *nature* (*nourriture, habitation, vête-ment*) ;

2° En *monnaie*.

Au point de vue de sa mesure le salaire peut être :

1° A *temps*, c'est-à-dire varier avec la durée du travail ;

2° A la *tâche* (aux *pièces*), c'est-à-dire varier avec la *quantité vérifiée du produit* de *chaque* ouvrier (salaire à la tâche *individuel*) ou de *groupes* d'ouvriers associés ou dépendants d'un *chef* (salaire à la tâche *collectif*).

Bien qu'il soit d'application moins générale, le salaire à la tâche est préférable, parce qu'il est plus *équitable* et, notamment pour le travail *musculaire*, parce qu'il stimule mieux l'activité de l'ouvrier, qu'il l'*intéresse* directement à l'aug-

10.

mentation du produit *brut* et qu'il rend inutile la *surveillance* du travail.

Cependant dans les cas où, par suite de la variété des opérations, on ne peut ni diviser le produit en *parties homogènes*, ni vérifier avec une suffisante exactitude la *quantité* et aussi la *qualité* du produit, le salaire à la tâche a l'inconvénient de pousser certains ouvriers à travailler *trop*, et *beaucoup* d'autres à travailler avec trop de hâte, et de gaspiller ainsi les *matières premières* et les *instruments* de production.

Par *salaire nominal* on entend le salaire exprimé en *monnaie* ; par *salaire réel* on entend les richesses d'utilité *immédiate* que l'ouvrier peut se procurer au moyen de son salaire.

La distinction est *nécessaire* pour pouvoir *comparer* le salaire à de grands *intervalles* de *temps* et de *lieu*.

Par rapport aux besoins auxquels il peut satisfaire le salaire est *nécessaire*, s'il suffit au soutien des ouvriers et de leur famille ; *suffisant*, s'il suffit à les maintenir dans leur *condition* ; *plus que suffisant*, si, en permettant l'épargne, il leur donne les moyens d'*améliorer* leur condition.

Autre chose est le *salaire*, autre chose le *coût du travail*, c'est-à-dire son utilité pour l'entrepreneur. Avec le même salaire on peut avoir des produits en *quantité* et en *qualité* très différentes, selon l'*habileté* et la *diligence* des ouvriers.

Le travail est une *marchandise*, et le salaire en est le *prix* ; c'est cependant une marchandise *sui generis* parce qu'elle se rattache à la *personne* et qu'elle n'est pas susceptible d'*accumulation.*

La *loi générale* du salaire *normal* comme du salaire *courant* est celle qui, faisant abstraction des conditions variées de *personne*, de *lieu*, ou de *profession*, détermine les causes d'où dérive le salaire du *travail commun*, c'est-à-dire de celui qui ne demande aucune *habileté spéciale* et qui n'est pas soumis à des *sacrifices* et à des *risques* spéciaux.

Le *salaire normal* est déterminé par les *dépenses de production* du travail ; c'est celui qui procure à la classe ouvrière l'ensemble de satisfactions, variables selon le *climat*, la *qualité* des travaux, etc., auxquelles elle est habituée (*standard of life*), et selon lesquelles elle règle son *augmentation.*

Il ne faut pas confondre le concept *économique* du salaire *normal* avec le concept *statistique* du salaire *moyen*, qui est la *résultante* de tous les salaires payés.

Le salaire normal oscille entre une limite *minimum* et une limite *maximum*, limites *relatives* d'ailleurs. La première coïncide avec le *salaire nécessaire* ; la seconde comprend les richesses que l'ouvrier produit par son travail.

Le *salaire courant* est en raison directe de la

demande, et en raison inverse de l'*offre* de travail. Il augmente ou diminue avec l'augmentation ou la diminution de la première ; il diminue ou augmente avec l'augmentation ou la diminution de la seconde.

Par *demande de travail* on entend la *quantité de capital* disponible pour rétribuer le travail.

Par *offre de travail* on entend la *quantité* et la *qualité* des ouvriers disposés à travailler.

L'*offre de travail* varie lentement, parce que l'augmentation ou la diminution de la population, dépendant du rapport entre les *naissances* et les *décès*, ne peut être immédiate, et aussi parce que les ouvriers, poussés par le besoin et dépourvus souvent d'autres moyens d'existence, ne peuvent pas toujours obtenir un salaire *suffisant*.

Le salaire courant tend à égaler le salaire normal, parce que l'élévation du salaire courant au-dessus du salaire normal fait diminuer la demande et croître l'offre de travail, tandis qu'au contraire l'abaissement du salaire courant au-dessous du salaire normal fait diminuer, quoique lentement et non sans souffrances, l'offre de travail.

Les salaires tendent, en général, à s'équilibrer dans les différents *pays* et dans les diverses *industries*, parceque l'*intérêt* individuel et la *concurrence* poussent à rechercher les *professions* et les *lieux* où le travail est le mieux rétribué.

Il y a cependant des *obstacles* qui empêchent que cet équilibre ait son *plein* effet et reste *constant* ; ce sont :

1º Des obstacles *légaux directs*, abolis presque partout (domicile *obligatoire*) ; des obstacles *indirects*, comme la limitation de l'*assistance publique* à ceux qui résident depuis de nombreuses années dans la *commune* ;

2º Des obstacles *intellectuels*, dépendant du défaut de *connaissance*, chez les ouvriers, des conditions du *marché du travail*, et de leur *inaptitude* à apprendre certains travaux mieux rémunérés ;

3º Des obstacles *moraux* (amour de la patrie et de la famille, habitudes, préjugés, inertie, etc.), qui empêchent souvent les changements de résidence et de profession ;

4º Des obstacles *économiques*, comme les *dépenses*, les dangers, et les autres *difficultés* inhérentes au *changement* et à l'*apprentissage*.

La *loi spéciale* des salaires détermine l'influence qu'ont sur le salaire *nominal*, et parfois aussi sur le salaire *réel*, les diverses conditions *individuelles*, *locales* et *professionnelles*. Citons parmi elles :

1º Les *aptitudes éminentes* de certains ouvriers, qui jouissent ainsi d'un *monopole naturel* ;

2º La *densité* plus ou moins grande de la population (*ville* et *campagne*) ;

3° La *nature* des différentes *industries*, qui nécessitent

a) une confiance particulière ;

ou qui présentent :

b) Des *difficultés spéciales*, qui influent sur la *possibilité*, la *durée* et les *dépenses* de l'apprentissage ;

c) Des *attractions* et des *obstacles* pour des raisons d'*hygiène*, de *moralité*, de *convenance*, de *vanité*, qui rendent *attrayantes* certaines professions et *répugnantes* certaines autres ;

d) Des *risques extraordinaires*, dépendant de l'*incertitude* du résultat, ou de l'*intermittence* du travail.

La loi *spéciale* des salaires est également applicable à la *rétribution* des *services*, *utiles* mais *non productifs*, des *fonctionnaires publics*, des membres des *professions libérales*, etc., qui, d'ailleurs, est réglée par la loi de l'*offre* et de la *demande*.

La *liberté de coalition* et la reconnaissance légale des *syndicats ouvriers* (*trades unions*) concourent à diminuer, bien loin de les augmenter, les grèves qui sont un moyen de résistance de succès douteux, toujours *dangereux*, que les ouvriers opposent aux ententes des entrepreneurs.

Si à cette liberté et à cette existence légale on associait l'action modératrice d'un *arbitrage* exercé par des délégués des ouvriers et des entrepreneurs, qui établiraient aussi, quand cela est *techniquement* possible, une relation constante entre le prix du *produit* et la mesure des *salaires* (*échelle mobile*), on pourrait plus facilement arriver à cette conciliation du capital et du travail, que ne *sert* pas toujours, et à laquelle ne suffit pas toujours, l'intervention directe de l'autorité publique.

BIBLIOGRAPHIE

J. R. Mac Culloch, *An essay on the circumstances wich determine the rate of wages.* Edinburgh, 1826 (Nouvelle édition, 1851).

N. W. Senior, *Three lectures on the rate of wages*, 1830 (Nouvelle édition, 1831).

J. H. v. Thünen, *Der naturgemässe Arbeitslohn.* Rostock, 1850 (Nouvelle édition, 1865).

Fr. Le Play, *Les ouvriers européens*, etc., 1855, in-fol. (2e édition, 1877-79. Six vol.).

— *Les ouvriers des deux mondes*, etc. Première série, 1858-85. Cinq vol. gr. in-8. Seconde série, 1886-93. Trois vol. 40 fasc. 1896).

E. Levasseur, *L'ouvrier américain*, 1897. Deux volumes.

J. Th. Rogers. *Six centuries of work and wages*, etc., 1884. Deux vol. (Nouvelle édition, 1886).

C. Fr. H. Rösler, *Zur Kritik der Lehre vom Arbeitslohn.* Erlangen, 1861.

Ch. Le Hardy de Beaulieu, *Du salaire*, etc., 1859 (2e édit. Bruxelles, 1863).

E. Engel, *Der Preis der Arbeit*, 1867 (2ᵉ édit., 1872).

H. v. Scheel, *Zur Geschichte und Kritik der Lehre vom Arbeitslohn* (Dans *Jährb. f. Natio-nalökon.*, 1867).

W. Th. Thornton, *On labour*, etc., 1869 (2ᵉ édit., 1870. Traduct. italienne. Firenze, 1875).

J. Stuart Mill, *Thornton on labour and its claims* (Dans *Fortnightly Review*, Mai 1869).

O. Hachmeister, *Gefahrtragung bei Arbeitsmiethe*. Cassel, 1887.

K. Strasburger, *Kritik der Lehre vom Arbeitslohn* (Dans *Jahrb. f. Nationalökon*, 1871).

Th. Brassey, *On work and wages*, 1872 (Nouvelle édit., 1894).

F. A. Lange, *Die Arbeiterfrage*. 4ᵉ édition. Winterthur, 1879 (1ʳᵉ édition, 1865).

F. A. Walker, *The wages question*, etc. New-York, 1876.

G. Ricca-Salerno, *Del salario e delle sue leggi* (Dans *Giornale degli Economisti*, 1878).

P. V. Beauregard, *Essai sur la théorie du salaire*, etc., 1887.

C. Schmidt, *Der natürliche Arbeitslohn*. Jena, 1887.

E. Levasseur, *La théorie du salaire* (Dans le *Journal des Economistes*, janvier 1888).

Ph. Falkenburg, *Bijdrage tot de leer van het arbeidslohn*. Rotterdam, 1890.

H. M. Thompson, *The theory of wages*, 1892.

D. F. Schloss, *Methods of industrial remuneration*, 1892 (2e édit., 1894) ; trad. franç. par Ch. Rist, Paris, 1902.

R. Dalla Volta, *Le forme del salario*. Firenze, 1893.

A. Contento, *La teoria del salario*. Milano, 1894.

F. D. Longe, *A refutation of the wagefund theory*, etc., 1866.

G. Siragusa, *La dottrina del fondo-salario nelle sue varie fasi*. Torino, 1895.

F. W. Tanssig, *Wages and Capital*, etc. New York, 1896.

S. Webb et H. Cox, *The eight hours day*, 1891.

J. Rae, *Eight hours for work*, 1894 ; trad. franç., Paris, 1900.

G. M. den Tex, *Verkorting van den arbeidstag*. Amsterdam, 1895.

G. de Molinari, *Les bourses de travail*, 1893.

L. Brentano, *Die Lehre von den Lohnsteigerungen* (Dans *Jahrb. f. Nationalökonomie*, 1871).

E. Nazzani, *Alcuni quesiti sulla domanda di lavoro*. Forli, 1880.

Comte de Paris, *Les associations ouvrières en Angleterre (Trades' Unions)*, 1869 (5e édit., 1884).

L. Brentano, *Die Arbeitergilden der Gegenwart*. Leipzig, 1870-72. Deux volumes.

G. Howell, *The conflicts of capital and labour*, 1878 (2e édition refaite, 1890).

W. Lexis, *Gewerkvereine und Unternehmerverbände in Frankreich*. Leipzig, 1879.

L. Smith, *Les coalitions et les grèves*, etc.,
  1886.

A. Crouzel, *Etude historique, économique et
  juridique sur les coalitions et les grèves*, etc.,
  1887.

L. L. F. R. Price, *Industrial peace*, etc., 1887.

S. and B. Webb, *History of trade unionism*,
  1894 ; trad. franç. par A. Métin. Paris, 1897.

K. Frankestein, *Der Arbeiterschutz*. Leipzig,
  1896.

CHAPITRE V

L'INTÉRÊT

L'*intérêt* est la rétribution *ordinaire* du *capitaliste* comme tel pour la *richesse* qu'il a *prêtée*.

L'intérêt se compose de deux éléments :

1° La rétribution pour le *non usage* de la richesse, c'est-à-dire pour la *privation*, consistant dans la renonciation (temporaire ou permanente) à sa *consommation*, ou, comme on le dit aussi, pour sa *formation*, et pour son *service* productif, s'il s'agit d'un *capital*. C'est la partie essentielle de l'intérêt (intérêt au sens étroit) ;

2° La compensation pour le *risque*, *fréquent* mais non toujours *égal*, du capitaliste. C'est la partie accidentelle de l'intérêt (*prime*).

Ne font pas partie de l'intérêt, mais servent à *reconstituer* le *capital*, la prime d'*amortissement* et de *reconstitution* payée pour certains capitaux (comme les *machines*, les *maisons*) sujets à un dépérissement naturel.

L'intérêt présente diverses *formes*, selon la *nature* des capitaux.

L'intérêt des capitaux *fixes* (dont la *propriété*

reste au capitaliste) s'appelle *loyer*, s'il s'agit d'*immeubles* (terres, maisons) ; il porte différents noms quand il s'agit de capitaux mobiliers.

L'intérêt des capitaux *circulants* (dont le capitaliste *perd* la *propriété*), qu'ils soient en *nature* (matières premières, etc.), ou en *monnaie*, et pour lesquels le risque de la *soustraction* est plus fort, n'a pas de dénomination spéciale.

Le *taux de l'intérêt* (pour les capitaux *circulants*) s'exprime par un *tant pour cent* et *par an* du montant du capital même, bien qu'on le paye d'ordinaire à des échéances plus courtes.

L'intérêt (comme le salaire) est *nominal* ou *réel*.

L'intérêt a une *limite minimum* au-dessous de laquelle l'épargne, insuffisamment rémunérée, cesserait, et une *limite maximum* au delà de laquelle l'*emploi* du capital n'étant pas suffisamment rétribué, les entrepreneurs, au lieu de se *faire prêter* les capitaux d'autrui, *prêteraient* à d'autres leurs propres capitaux.

Les *variations* de l'intérêt dépendent de la qualité et de la *quantité* des *risques* du capitaliste, c'est-à-dire des *causes individuelles* et *sociales*, déjà indiquées, qui agissent sur le développement du *crédit*.

Le taux de l'intérêt ne peut pas *varier d'une façon durable* avec l'augmentation ou de la diminution de la *quantité de monnaie en circulation*, qui est une petite *partie* du capital. Et cela parce que les variations de la *valeur* de la monnaie, occasionnées par les variations de sa *quantité,* influent avec une égale intensité sur la demande et sur l'offre du capital.

L'*intérêt courant* varie en raison directe de la demande et en raison inverse de l'offre du capital.

L'*offre* de capital dépend de la quantité de la *richesse produite,* de l'énergie de l'*épargne,* de la diffusion et de la solidité du *crédit* et des établissements qui s'y rattachent.

La *demande* de capital dépend de l'*habileté,* de l'*activité* et de l'énergie de l'entrepreneur, du *taux* des *profits* et de la *sécurité* plus ou moins grande de l'état *politique.*

L'intérêt, au sens étroit, tend à être *égal* dans les différents *pays* et dans les différents *emplois,* bien qu'il rencontre des *obstacles* qui en empêchent l'égalité *complète* et *constante.*

Avec les progrès de la *civilisation,* c'est-à-dire avec l'augmentation des *capitaux* et de la sécurité dans leur *emploi,* l'intérêt *tend* à baisser.

On ne peut pas dire cependant, d'une *façon absolue,* qu'un *taux* d'intérêt *peu élevé* est toujours un indice de prospérité économique, parce que l'intérêt peut être bas par suite du *défaut de demande,* c'est-à-dire de *langueur industrielle.*

BIBLIOGRAPHIE

E. v. Böhm-Bawerk, *Kapital und Kapitalzins*. Innsbruck, 1884-1889. Deux volumes (Trad. anglaise de W. Smart, 1890) ; trad. franç. du 1er vol. par J. Bernard. Paris, 1902.

R. J. Turgot, *Mémoire sur les prêts d'argent*, 1769 (Dans les *OEuvres*, 1841. Tome I, pag. 106-152.)

J. Bentham, *Defense of usury*, 1787.

J. D. Meyer, *Essai sur le principe fondamental de l'intérêt*, etc. Amsterdam, 1809.

M. Mastrofini, *Le usure, libri tre*. 3e édition. Milan, 1841 (1re édit., 1831).

Bastiat et Proudhon, *Gratuité du crédit*, 1850.

J. J. T. Harte, *De rentestand*. Utrecht, 1880.

S. Webb, *Rate of interest and the laws of distribution* (Dans *Quarterly Journal of Economics*, 1888).

J. de Haas, *A third element in the rate of interest*. (Dans *Journal of the R. Statistical Society*, 1889.)

P. Leroy-Beaulieu, *Des causes qui influent sur les taux de l'intérêt* (Dans les *Mémoires de l'Acad. des Sciences morales et polit.* Tome XV, 1885).

D. A. P. N. Koolen, *De Kapitaalrente*. Utrecht, 1894.

H. Pascaud, *Du rapport entre le taux de l'intérêt et la richesse*, etc. (Dans la *Revue critique de législation*, janvier, 1896).

A. Graziani, *Studi sulla teoria dell'interesse*. Torino, 1898.

C. Supino, *Il saggio dello sconto*. Turin, 1892.

Fr. S. Nitti, *Il saggio dello sconto*, etc. Napoli, 1898.

CHAPITRE VI

LA RENTE

La *rente* est la rétribution du propriétaire comme tel pour les *forces naturelles* du sol qu'il possède.

En dehors du *sol cultivé*, les *mines*, les *carrières*, les *cours d'eau*, les *chutes d'eau*, les *sources minérales*, les *poteries*, peuvent donner une rente à leur propriétaire.

Toutes les terres ne donnent pas une *rente* au sens technique du mot. Certaines ne donnent que l'intérêt du capital qui leur est *incorporé*.

La *loi de la rente* est un *cas* de celle de la *valeur* et elle se fonde sur les mêmes *hypothèses*.

La rente est une rétribution *extraordinaire*, que reçoivent les propriétaires des terres les *meilleures* (par leur *fertilité*, et par leur *situation* par rapport au marché), qui, tout en produisant à *meilleur marché* des denrées de la même *qualité* que celles, également *indispensables* pour satisfaire la demande, obtenues par les propriétaires des *terres inférieures*, arrivent à les vendre au *même prix*.

La rente exprime par conséquent la *différence* de deux coûts.

La rente *naît* de la nécessité de cultiver des terres de qualité inférieure, ou d'appliquer des capitaux moins productifs à des terres déjà cultivées. Cette nécessité a sa raison d'être dans la *limitation* de la terre eu égard à l'*augmentation* de la population.

Le propriétaire retire non seulement la rente des terres qu'il *cultive lui-même*, mais, par suite de la *concurrence* que se font les *entrepreneurs agricoles*, celle aussi des terres qu'il *loue*.

L'augmentation de rente qui se produit pendant la durée d'un contrat de location va à l'*entrepreneur* ; à l'expiration du contrat, la *concurrence* reprend sa pleine *efficacité*.

Les *progrès agricoles*, lorsqu'ils sont mis en pratique d'une façon générale, tendent à faire *baisser* la rente ; l'*augmentation* de la *population* et le *renchérissement des denrées* tendent au contraire à la faire *hausser*.

La *propriété privée* de la *terre* détermine l'*attribution* de la rente, mais elle n'est la *cause* ni de son *existence*, ni de sa *mesure*, qui sont également indépendantes de la nature des *systèmes de culture*.

Si les *propriétaires renonçaient* à la rente, il ne s'ensuivrait ni une augmentation des *salaires*, ni une diminution du prix des *denrées*, mais simplement une augmentation des *profits agricoles*.

11.

La rente n'est pas la *cause*, mais l'*effet* du prix des denrées et, par conséquent, elle n'est pas un élément nécessaire de leur coût.

Dérivent de la *propriété* de la terre et sont par suite un *élément* nécessaire du *coût* des denrées : les revenus de certaines terres *privilégiées* par leur *situation*, ou propres au *commerce* d'une façon exceptionnelle, ou parce qu'elles donnent des produits *supérieurs* (par exemple certains *vins*) ; ceux des *terrains* à bâtir dans les villes très peuplées ; ceux des *mines* ou des *carrières*.

Ces *revenus*, et non pas la *rente*, ont de nombreuses *analogies* avec d'*autres* revenus de *monopole* (sujets eux aussi à la loi de l'*offre* et de la *demande*), qui proviennent de la possession d'*aptitudes personnelles extraordinaires*, ou de l'emploi exclusif de certains *capitaux*.

Le *prix des terres* dépend de leur *produit* (y compris la *rente*) et du taux de l'*intérêt* ; il est en raison *directe* du premier et en raison *inverse* du second.

On peut en dire autant des titres de *crédit* (public et privé) en remarquant que, toutes les autres circonstances restant égales, le prix des terres est plus élevé, et par suite de la *sécurité* plus grande de l'emploi, et des avantages *sociaux* souvent inhérents à la propriété territoriale.

BIBLIOGRAPHIE

T. Trunk, *Geschichte und Kritik der Lehre von*

der Grundrente (*Jahrbücher f. Nationalö-kon.*, 1868).

F. Berens, *Versuch einer kritischen Dogmen-geschichte der Grundrente.* Leipzig, 1868.

D. Davidson, *Bidrag till jordränteteoriens historia.* Upsala, 1880.

T. R. Malthus, *An inquiry into the nature and progress of rent*, etc., 1815.

(E. Vost), *An Essay on the application of capital to land*, 1815.

J. H. v. Thünen, *Der isolirte Staat in Beziehung auf Landwirthschaft.* Premier volume, 1826 (Seconde édition, 1875).

R. Jones, *An essay on the distribution of wealth*, 1831.

H. C. Carey, *The past, the present and the future*, 1849.

J. K. Rodbertus, *Widerlegung der Ricardo' schen Lehre von der Grundrente* (Dans *Sociale Briefe an V. Kirchmann*, 1851, 2e édit., 1875).

R. de Fontenay, *Du revenu foncier*, 1854.

M. Wolkoff, *Opuscules sur la rente foncière*, 1854.

C. W. Ch. Schüz, *Ueber die Renten der Grundeigenthümer*, etc. (Dans *Zeitschr. f. die ges. Staatswiss.*, 1855).

P. A. Boutron, *Théorie de la rente foncière*, 1867.

A. E. F. Schäffle, *Die nationalökon. Theorie der*

ausschliessenden Absatzverhältnisse. Tübingen, 1867.

Fuchs, *Ricerche sulla teoria della rendita* (en russe), Vol. I. Moscou, 1871.

Em. Nazzani, *Saggio sulla rendita fondiaria*, Forlì, 1872.

A. Loria, *La rendita fondiaria e la sua elisione naturale*. Milano, 1880.

H. George, *Progress and poverty*. New York, 1879 (Réédité plusieurs fois) ; trad. franç., Paris, 1887.

Fr. A. Walker, *Land and its rent*. Boston, 1883.

J. Sh. Nicholson, *Tenant's gain not landlord's loss*. Edinburgh, 1883.

H. v. Schullern, *Untersuchungen über Begriff und Wesen der Grandrente*. Leipzig, 1889.

G. Flatow, *Kritik der Ricardo-Thünen'schen Grundrentenlehre* (Dans *Zeitschr. für die ges. Staatswiss.*, 1895.

G. Valenti, *La base agronomica della teoria della rendita* (Dans le *Giornale degli Economisti*, 1895-1896).

CHAPITRE VII

PROFIT

Le *profit* est la rétribution de l'*entrepreneur* comme tel pour l'emploi du *capital* et du *travail* qu'il fait, pour son compte, dans la *production*.

Le profit est égal à la *différence* entre la *valeur* des produits et leur *coût* (emploi du capital, salaires, intérêts) ; il s'élève avec l'augmentation de la valeur et il baisse avec l'augmentation du coût.

Bien que le profit constitue un revenu *essentiellement indivisible*, il comprend trois *éléments* :

1º La rétribution pour le *capital employé* ;

2º La rémunération pour le travail d'*organisation*, de *direction*, d'*administration* et de *surveillance* ;

3º La compensation pour les *risques* de l'entreprise.

Si l'entrepreneur *ne dirige pas* personnellement l'entreprise, une partie du profit passe, à titre de salaire, à celui qui le remplace.

Si l'entrepreneur emploie des *capitaux* appartenant à *autrui,* une partie du profit passe, à titre d'intérêt, au *capitaliste* créancier.

Si l'entrepreneur *s'assure* pour une *partie des risques,* il paye à l'assurance une prime, comprise par suite dans les *dépenses de production.* Dans tous les cas l'entrepreneur emploie le capital et le travail (*propre* ou appartenant à *autrui*) dans une industrie qu'il exerce en supportant *entièrement* ou *partiellement* les risques.

Le profit peut être *nominal* ou *réel,* en *nature* ou en *argent.*

Le *taux* du profit s'exprime par un *tant pour cent* et par *an* du capital employé pour le compte de l'entrepreneur.

Le profit est une rétribution *spéciale,* distincte du *salaire,* de l'*intérêt* et de la *rente.*

Ceux-ci sont déterminés par un contrat antérieur entre l'entrepreneur, d'une part, le *capitaliste,* l'*ouvrier* et le *propriétaire* de l'autre, qui ne doivent jamais restituer le *salaire,* l'*intérêt* et la *rente* qu'il ont reçue. Le premier au contraire ne retire aucune compensation pour son travail et pour ses capitaux quand le *produit net* de l'entreprise *couvre* à peine les *dépenses* ou reste même *inférieur* à celles-ci. Sur le marché du *travail* et sur celui du *capital* et de la *terre,* l'ouvrier, le capitaliste et le propriétaire représentant l'*offre,* l'entrepreneur représente la *demande,* tandis qu'il représente l'*offre* sur le marché des *produits.*

La *loi générale* du profit fait abstraction des conditions de *personne*, de *lieu*, de *profession*, et ne s'applique qu'aux cas les plus généraux.

Si nous considérons la classe des entrepreneurs comme une *unité*, et si nous réduisons ainsi toutes *leurs dépenses* aux salaires, le taux du profit dépend de la part du profit qui revient aux ouvriers, c'est-à-dire du *coût total* des *produits* qu'ils peuvent se procurer avec leur *salaire*.

Il y a un *minimum* de profit au-dessous duquel cesse l'accumulation des capitaux *nouveaux*, et même où commence la consommation des capitaux *anciens*.

Les profits, comme les salaires, tendent à s'égaliser dans les différents *pays* et dans les diverses *industries*. Il y a cependant des *obstacles* qui en empêchent l'*égalité complète* et *constante*.

La *loi spéciale* des profits détermine les variations, *souvent* plus *apparentes* que *réelles*, auxquelles ils sont soumis par suite de la diversité des *lieux* et des *industries*.

En effet, si on ramène les profits *nominaux*, qui paraissent très différents, à leur montant *réel*, et si on retranche tous les éléments *étrangers*, on voit qu'à égalité de risque, ils diffèrent fort *peu*, sauf dans les cas de *monopole*.

Il n'y a ni *antagonisme nécessaire*, ni *harmonie fatale* entre les *profits*, les *salaires*, les *intérêts* et les *rentes*, parce qu'avec la variation du *produit total* les parts absolues des différentes per-

sonnes qui collaborent à la production peuvent
augmenter ou diminuer, sans que leurs parts
proportionnelles changent, et inversement. Il
faut éviter, à ce point de vue encore, de tomber
dans l'*optimisme* comme dans le *pessimisme*.

BIBLIOGRAPHIE

H. von Mangoldt, *Die Lehre von Unternehmergewinn.* Leipzig, 1855.

J. Platter, *Der Capitalgewinn bei Ad. Smith*
(Dans *Jahrbücher für Nationalökon. und Statistik*, 1875).

J. Pierstorff, *Die Lehre vom Unternehmerge-
vinn,* 1875.

Em. Nazzani, *Del profitto.* Milano, 1877.

V. Mataja, *Der Unternehmergewinn.* Wien,
1884.

C. Gross, *Die Lehre vom Unternehmergewinn.*
Leipzig, 1884.

A. Wirminghaus, *Das Unternehmen, der Unternehmergewinn*, Jena, 1886.

J. Zuns, *Zwei Fragen des Unternehmereinkom-
mens.* 2ᵉ édit. Wien, 1886.

A. Graziani, *Sulla teoria generale del profitto.*
Milano, 1887.

A. Körner, *Unternehmen und Unternehmergewinn.* Wien, 1893.

CHAPITRE VIII

LES CONTRATS AGRAIRES

La distribution des produits agricoles est soumise à certaines modifications qui dépendent des rapports variés qui existent entre les propriétaires et les agriculteurs.

Le propriétaire, en effet, ou bien cultive la terre pour son compte (*faire-valoir*), ou bien s'associe les familles de ses paysans, avec lesquelles il partage le *produit brut* (*colonat partiaire*), ou bien il donne le *fonds* à cultiver à un entrepreneur qui paie un *loyer fixe*, en *nature* ou en *argent* (*loyer* ou *fermage*), soit pour un temps *déterminé*, soit avec faculté de le transmettre à ses *héritiers* (*bail héréditaire*), soit à perpétuité et avec l'obligation d'*améliorer* le fonds (*emphythéose*).

La culture en faire-valoir est celle qui stimule au plus haut degré l'*intérêt* du propriétaire et qui lui laisse la plus grande *liberté* d'action. C'est le meilleur des systèmes de culture, si le propriétaire travaille *personnellement* et possède des *connaissances* et des *capitaux* pro-

portionnés à la nature et à l'étendue de ses terres.
La petite culture a également de grands avantages *sociaux*. La culture d'une vaste propriété
peut donner de bons résultats si le propriétaire
surveille sérieusement l'entreprise confiée à un
agent habile et honnête qui, dans les petites
tenures, peut être celui-là même qui dirige le
travail de chaque jour.

Le *colonat partiaire*, — vanté par certains
parce que les intérêts du propriétaire et ceux
du cultivateur sont alors étroitement liés, et
repoussé par d'autres qui y voient un contrat
d'importance transitoire et le signe de la pau-
vreté et du peu d'énergie du colon, qui ne peut
ou ne veut pas devenir *fermier*, — produit en
réalité des résultats très divers.

Il réussit bien, lorsqu'il s'applique à la petite
culture, si le maître est riche, humain, instruit
et dirige sagement les travaux ; si le colon,
muni de capitaux suffisants, est honnête, zélé,
docile et attaché à son maître ; si la répartition
des produits à la moitié (*métayage*) ou au tiers,
etc., etc., est en rapport, même au moyen de *contrats accessoires*, avec la valeur des produits et
les contributions respectives de *terre*, de *capital*
et de *travail*. S'il n'en est pas ainsi les inconvénients du colonat l'emportent sur ses avantages.

Les avantages consistent : dans la *stabilité* de
possession du colon, protégé par la *coutume*,
malgré la durée annuelle de son contrat, contre

l'arbitraire du maître, qui lui donne des conseils qui ne sont pas suspects et qui a intérêt à lui venir en aide en cas de mauvaises récoltes extraordinaires ; dans la possibilité de proportionner la terre aux bras qui doivent la cultiver ; dans la prévoyance des colons qui attendent, pour se marier, qu'il y ait de la terre disponible pour leur nouvelle famille.

Les inconvénients consistent dans le conflit d'intérêt que la répartition du produit brut fait naître entre le propriétaire, qui préfère les cultures qui donnent un produit plus considérable, et le colon qui préfère celles qui lui coûtent le moins de dépenses. Ce conflit est aussi un obstacle aux améliorations de culture, soit par le travail, soit par le capital, parce que les associés sont retenus par la crainte de partager avec autrui les produits plus considérables obtenus sans leur intervention. Est également un inconvénient du colonat la résistance fréquente que le colon oppose aux projets de réforme du propriétaire, et la tentation qu'il a très forte de soustraire à celui-ci une partie des fruits qui lui appartiennent ; le maître n'y peut remédier que par une surveillance coûteuse et difficile, ou par une condescendance coupable.

Au point de vue *technique,* on doit préférer le *fermage* au colonat, quand la location est faite *directement* par le propriétaire à de *grands entrepreneurs* ou à de petits *capitalistes* (horticul-

teurs, fleuristes), ou à des *paysans* instruits et
aisés ; quand elle est stipulée pour un temps
suffisant pour que le locataire ait la jouissance
du produit plus considérable qui résulte d'une
culture plus intensive, et quand on fait des
contrats qui garantissent l'intégrité du fonds,
assurant au locataire, sa location terminée, une
indemnité suffisante pour les capitaux qu'il a in-
corporés dans le sol. La location a également l'a-
vantage de procurer au propriétaire un *revenu
fixe*, en le dispensant des ennuis de la surveillance et en lui permettant de pratiquer de son
côté des améliorations, avec la certitude d'en
tirer profit par l'élévation du loyer ; il laisse, d'ailleurs, au locataire la plus grande liberté au sujet
des méthodes de culture.

Dans la petite culture et là où une production
variée est possible, — ce qui exige, au moins en
partie, l'ingérence directe du propriétaire, — il y
a avantage, s'ils sont stipulés pour des périodes
assez longues, à faire des *contrats mixtes* de *colonat* et de *fermage*, en vertu desquels le propriétaire et les paysans partagent entre eux les produits des mûriers, des vignes et des arbres
fruitiers, et le colon paie une somme fixe en
argent pour la maison et un loyer en *nature* pour
les céréales et les prairies.

La *location héréditaire*, et plus encore l'*emphythéose*, autrefois très générale, notamment
pour les terres appartenant à l'Etat, aux com-

munes, ou à des corporations, étaient très avantageuses parce qu'elles encourageaient l'*emphythéote*, tenu uniquement à une petite rente, perpétuelle ou à très long terme, à mettre en culture les terres incultes et à faire des plantations et des travaux d'amélioration que le propriétaire ne savait ou ne pouvait faire, soit par manque de capital, soit par manque de personnes assez instruites et intéressées auxquelles il aurait pu confier l'exécution de ces travaux.

Ce système peut être pratiqué aujourd'hui encore pour les terres que les *personnes morales* ne peuvent cultiver ou faire valoir et qu'elles ne veulent ni vendre ni louer par crainte qu'on n'y fasse pas les travaux d'amélioration nécessaires.

Pour supprimer, ou tout au moins pour diminuer, le danger inhérent à l'emphythéose, c'est-à-dire le danger de faire naître, après un certain temps, de nombreux litiges entre le concédant et le concessionnaire, qui enlèvent à celui-ci la volonté de bien cultiver les terres dont il n'a pas la propriété absolue, il serait bon que la loi lui accorde le droit de rachat contre payement d'une juste indemnité au propriétaire.

BIBLIOGRAPHIE.

Em. Cossa, *Primi elementi di economia agraria*. Milano, 1890 (et la *bibliographie* citée p. 206-208).

CHAPITRE IX

LES ASSURANCES.

Les *assurances* tendent à atténuer les *dommages économiques* causés par des *accidents* variés, comme la *grêle*, les *naufrages*, l'*incendie*, les *épizooties*, etc. Et, en effet, en *répartissant* les dépenses de *réparation* des dommages sur un nombre suffisant de personnes *également menacées*, mais *frappées* en fait en petit nombre seulement, celles-ci peuvent *reconstituer* facilement la richesse détruite, en donnant la préférence à un sacrifice *certain* mais *petit* sur un sacrifice *incertain* mais *considérable*.

Les *dommages* contre lesquels est dirigée l'assurance doivent être *accidentels*, pouvoir être *prévus* dans leur montant *total* et *constatés* sans trop de *difficulté* et avec une suffisante *exactitude* soit dans leurs *causes*, soit dans leur *importance* individuelle.

Ces conditions étant données, l'assurance se constitue dans chaque cas au moyen des *contributions* (*primes*) d'un certain nombre de personnes, — primes graduées d'après la *valeur* de l'objet assuré et la *probabilité* du risque, — afin d'en distribuer ensuite le montant, comme indemnité, entre les *sinistrés*.

Les assurances offrent de grands avantages, *directs* et *indirects*.

Elles ont une utilité *directe* :

1° Parce que, par la combinaison féconde de *l'association*, de la *mutualité* et de l'*épargne*, elles rendent plus faciles et moins coûteuses la *conservation* et la *reconstitution* de la richesse nationale ;

2° Parce qu'elles soustraient à l'arbitraire du *hasard* les conséquences économiques de certains dangers réels, ou personnels, que l'on peut atténuer en les répartissant dans le *temps* et entre différentes *personnes* ;

3° Parce qu'elles renforcent le *crédit* et par conséquent la *production*, en permettant, même à de *petits entrepreneurs*, des opérations de succès incertain.

Les assurances servent *indirectement* à la *production* et à la *circulation* des richesses, en augmentant chez ceux qui travaillent la confiance qui naît de la *sécurité*, en stimulant l'*épargne* et l'*association*, et en coopérant à la solidité plus grande des *navires*, des *maisons*, des *établissements industriels*.

Les établissements d'assurance sont *publics* ou *privés* selon la qualité des personnes qui les *créent* et qui les *administrent*.

Les assurances publiques sont *volontaires* ou *obligatoires*. Dans le premier cas on *peut*, dans le second cas on *doit*, assurer certaines parties du patrimoine.

Dans un état de civilisation assez avancée, les établissements d'assurance *privée* et *volontaire* sont certainement préférables, pour des raisons *juridiques* comme aussi pour des raisons *économiques*.

Les assurances privées sont *mutuelles*, à *prime fixe* (de spéculation), ou *mixtes*.

Dans les assurances *mutuelles* les *assurés* sont aussi *assureurs*. Ils ne sont pas tenus à payer plus que le montant des *dépenses* d'administration et de celles de *réparation* des dommages.

Dans les assurances à *prime fixe*, un capitaliste ou plusieurs assument à leurs *risques* (diminués parfois par la *réassurance*) l'obligation d'indemniser les assurés moyennant le payement d'une somme fixée d'avance, *proportionnelle* à la *valeur* des richesses assurées et à la *probabilité* des risques.

Dans les assurances *mixtes* on distribue aux assurés une *part du profit* des assureurs.

On ne peut pas dire, d'une façon absolue, lequel des trois systèmes est le meilleur. Il est bon au contraire qu'ils se fassent *concurrence*, au grand avantage des assurés et du public.

Les *sociétés mutuelles*, ne visant pas au *profit*, devraient toujours pouvoir offrir leurs services aux meilleures conditions. Cependant les *sociétés à prime fixe*, stimulées plus fortement par l'intérêt personnel et tirant avantage de la confiance qu'inspire leur *capital de garantie* comme de la certitude qu'ont les associés de n'être pas appelés à des *payements supplémentaires*, arrivent souvent à avoir une administration si bien agencée qu'elles peuvent distribuer des *dividendes* considérables à leurs *actionnaires*, sans peser lourdement sur les *assurés*.

Les assurances sont :

1° *Réelles*, c'est-à-dire sont faites contre certains dommages qui frappent *directement* la richesse ;

2° *Personnelle*, c'est-à-dire contre les *accidents* qui suppriment la *possibilité* de se procurer la richesse.

Les assurances *réelles* se subdivisent en assurances *maritimes* (contre les *naufrages*) et en assurances *terrestres* ; celles-ci concernent l'*incendie* (des choses *mobilières* ou *immobilières*), la *grêle*, les *épizooties*, les *transports par terre*, etc.

Les assurances *personnelless*, appelées aussi assurances *sur la vie*, offrent de très nombreuses combinaisons. En payant une *contribution unique* ou *périodique*, les établissements d'assurance garantissent le payement *immédiat* ou *différé* d'une *somme d'argent*, ou celui d'une *rente viagère* ou *temporaire*, qui sert à subve-

12

nir aux *dommages pécuniaires* qui frappent l'assuré ou un tiers intéressé (*héritier* ou *créancier*), par suite de *maladie*, de *vieillesse*, de *mort*, ou d'autres *accidents* qui occasionnent des *dépenses extraordinaires* (*soins médicaux, enterrement*), et la *diminution* ou la *cessation* d'un *revenu*,

BIBLIOGRAPHIE

1. Alauzet, *Traité général des assurances*, 1841. Deux volumes.

Masius, *Systematische Darstellung des gesammten Versicherungswesens*. Leipzig, 1847.

A. de Courcy, *Essai sur les lois du hasard*, 1862.

Th. Saski, *Die volkswirthschaftliche Bedeutung des Versicherungswesens*. Leipzig, 1865 (3ᵉ édit., 1869).

E. Herrmann, *Die Theorie der Versicherung vom wirthschaftlichen Standpunkte*, 3ᵉ édition augmentée. Wien, 1897 (1ʳᵉ édition, 1868).

A. Sacerdoti, *Il contratto d'assicurazione*, 1ᵉʳ vol. Padova, 1874, pag. 357.

O. Lemke, *Katechismus des Versicherungswesens*. Leipzig, 1874. (2ᵉ édit., 1887).

Karup, *Handbuch der Lebensversicherung*. Leipzig, 1871. Deux volumes (2ᵉ édit., 1885).

A. Chaufton, *Les assurances, leur passé, leur*

présent, leur avenir, etc., 1884-86. (Deux volumes).

C. Vivante, *Il contratto d'assicurazione.* Milano, 1885-1890 (Trois volumes).

L. Zammarano, *L'intrapresa delle assicurazioni.* Torino, 1887.

H. e. K. Brämer, *Das Versicherungswesen.* Leipzig, 1894.

O. von Boenigk, *Wesen, Begriff und Eintheilung der Versicherung* (Dans Zeitsch. f. die ges. *Stäatswissenschaft*, 1895).

E. Baumgartner. *Handwörterbuch des gesamten Versicherungswesens*, etc. 1er vol. Strasburg, 1897.

U. Gobbi, *L'assicurazione in generale*, Milano, 1898.

M. Gebauer, *Die sogennante Lebensversicherung.* Jena, 1895.

J. Lefort, *Traité théorique et pratique du contrat d'assurance sur la vie*, 1894-95. Trois volumes.

CHAPITRE X

ÉTABLISSEMENTS DE PRÉVOYANCE

Pour *préserver* les ouvriers et les petits entrepreneurs de l'*indigence*, et par conséquent du besoin d'implorer le secours de la charité *publique* et *privée*, on a institué des *établissements de prévoyance* fondés sur le principe de l'*épargne collective* et parfois sur celui de l'*assurance mutuelle*.

Les *établissements de prévoyance*, souvent *autonomes*, mais plus souvent fondés et administrés avec l'assistance *pécuniaire* ou *morale* (*patronage*) des classes plus élevées, et parfois avec le concours de l'État, du département, de la commune, etc., sont diversement organisés suivant les *buts* qu'ils poursuivent et les *principes* sur lesquels ils sont fondés.

Il faut mentionner spécialement les *caisses d'épargne*, les *sociétés de secours mutuels* et les *caisses de retraite*.

BIBLIOGRAPHIE

Archiv für sociale Gesetzgebung und Statistik. Tübingen, 1888, et suiv. (Trimestriel).

Transactions of the national association for the promotion of social science, 1857-84. Vingt-huit volumes.

Ém. Laurent, *Le paupérisme et les associations de prévoyance*, 1860. 2ᵉ édit., 1865. Deux vol.

E. Fano, *Della carità preventiva*, etc. Milan, 1868.

E. Martuscelli, *Le società di mutuo soccorso e cooperative*. Firenze, 1876.

Engel-Dollfus, *Etude sur l'épargne, les institutions de prévoyance*, etc., 1876.

F. B. W. Hermann, *Ueber Sparanstalten im allgemeinen*, etc. München, 1835.

§ 1. Caisses d'épargne.

Les *caisses d'épargne* ont pour but de pousser les ouvriers à la *formation* et de les aider à la *garde* et à l'*emploi* de *petits capitaux*, dont ils peuvent librement disposer en cas de besoin.

Pour mieux *encourager* l'épargne, il faut payer un *intérêt* pour les *dépôts* ; multiplier les *succursales*, les *jours* et les *heures* de *dépôt* ; recevoir même les *petites sommes* ; simplifier les formalités de versement et de remboursement.

Aux *dépôts* il faut trouver des *emplois sûrs*, correspondant à leur *mobilité*, et autant que possible *variés*, afin qu'il y ait un échellonnemen

12.

suffisant d'échéances qui permette de satisfaire aux demandes de remboursement,

Les *caisses à un sou* et les caisses d'épargne *postales* et *scolaires* tendent à répandre les caisses d'épargne *ordinaires* en rendant plus *générale* et plus *précoce* l'habitude de l'épargne.

Rentrent dans les établissements de *crédit*, bien plus que dans ceux de *prévoyance*, les *caisses publiques* ou *privées* qui ne mettent pas de *limite maximum* aux dépôts ; délivrent des *carnets au porteur* ; paient des *intérêts élevés* et préfèrent par suite les *emplois aléatoires* (titres de la *dette publique*, actions *industrielles*, etc.) aux emplois moins lucratifs et plus *sûrs*.

BIBLIOGRAPHIE

A. de Candolle, *Les caisses d'épargne de la Suisse*, Genève, 1838.

I. Tidd Pratt, *The history of savings banks in England*, etc., 1842.

Ant. Allievi, *La Cassa di risparmio di Lombardia*. Milano, 1857.

Arth. Scratchley, *A practical treatise on saving's banks*, etc., 1860.

Aug. Visschers, *Nouvelle étude sur les caisses d'épargne*. Bruxelles, 1861.

W. Lewins, *A history of banks for savings in Great Britain*, etc., 1866.

G. Lebrecht, *Il risparmio e l'educazione del popolo*. Verona, 1875.

P. D. Fischer, *Die englischen Postsparkassen* (Dans *Jahrbücher für Nationalökon.* 1871).

A. de Malarce, *Les caisses d'épargne scolaires et les penny banks*, 1874. (8e édit., 1879).

L. Wilhelmi, *Die Schul-Sparkasse und ihre Verbreitung*. Leipzig, 1877.

Statistique internationale des caisses d'épargne. Rome, 1876.

L. Luzzatti, *Lo stato banchiere in Italia*. (Dans la *Nuova Antologia*, 1er mai 1880).

L. Elster, *Die Postsparkassen*. Jena, 1881.

E. T. Heyn, *Postal savings banks*. Philadelphia, 1896.

A. Codacci-Pisanelli, *L'ordinamento delle casse di risparmio in Germania*. Roma, 1885.

E. Rostand, *La réforme des caisses d'épargne*, 1891-92. Deux vol.

F. Lepelletier, *Les caisses d'épargne italiennes*, 1897.

§ 2. Sociétés de Secours mutuels

Bien que dans les caisses d'épargne les déposants conservent la pleine *propriété* et la libre *disponibilité* de leurs économies, celles-ci sont cependant souvent insuffisantes pour subvenir à l'incapacité *temporaire* (maladie) ou *permanente* du travail (invalidité ou vieillesse).

Cet objet est mieux rempli par les établissements de prévoyance qui joignent les avantages de l'*assurance* à ceux de l'*épargne collective*. Ce sont les *sociétés de secours mutuels* et les *caisses de retraite*.

Les *sociétés de secours mutuels* sont des unions de personnes qui, au moyen de *cotisations* mensuelles, constituent un *fonds commun* pour distribuer des *subsides* (en nature ou en argent) aux *sociétaires malades* non *incurables*, et parfois également de *petites pensions* aux vieillards, et les *frais funéraires* aux familles des *défunts*.

L'*obligation* de cotisations *périodiques*, la *détermination du but*, l'*incertitude* et l'*inégalité* des subsides sont les caractéristiques propres de ces établissements d'*assurance mutuelle spéciale*.

Il faut que le nombre des sociétaires soit *suffisant* pour pouvoir atteindre le but avec de *petites cotisations*, sans empêcher la *surveillance réciproque*.

On doit exclure ceux qui, par suite d'*infirmité* ou pour des *vices habituels*, porteraient dommage aux autres sociétaires, parce qu'il y aurait alors une *différence notable* et *appréciable* entre les *secours* accordés et les *cotisations* payées.

Il faudra, autant que *possible*, n'accepter que des ouvriers du même *sexe*, et exerçant la *même profession*, parce-qu'il s'agit là de circonstances qui influent sur la qualité du *risque*.

On devra établir, par des calculs de *probabilité* le *montant des cotisations* et celle des *parts* assignées aux différentes *branches d'assurance* ; on aura *souvent* besoin pour cela du *patronage*, au moins *moral*, de personnes *probes* et *expertes*.

Avec le surplus du revenu *annuel*, il sera bon de constituer un *fonds de garantie*, augmenté de l'*intérêt composé* et des *droits d'entrée* payés, à raison de l'âge, par les *nouveaux* sociétaires afin d'acquérir la propriété du fonds lui-même. C'est avec ce fonds qu'on pourvoiera à l'augmentation *progressive* des sommes à distribuer en secours, notamment lorsque, dans certaines limites, les *cotisations* sont *égales* et non pas graduées selon l'âge des sociétaires.

BIBLIOGRAPHIE

Ch. Ansell, *A treatise on friendly societies*, etc., 1835.

G. Hubbard, *De l'organisation des sociétés de prévoyance ou de secours mutuels*, etc., 1852.

Neison, *Contributions to vital statistics*, 1857 (3° édit.).

F. Sanseverino, *Delle società di mutuo soccorso*. Milano, 1858.

K. Heym, *Die Kranken und Invaliden Versicherung*. Leipzig, 1863.

E. Desmaret, *Législation et organisation des sociétés de secours mutuels en Europe*, 1873 (7ᵉ édit. 1882).

I. Tidd Pratt, *Law of friendly societies* (11ᵉ édit., 1888).

H. B. Oppenheim, *Die Hülfs und Versicherungskassen der arbeitenden Klassen*, 1875.

Max Hirsch, *Die gegenseitigen Hülfskassen*, etc, 1875.

E. Morpurgo, *Delle condizioni del mutuo soccorso in Italia* (Dans l'*Archivio di Statistica*. 1ʳᵒ année. Volume III. Roma, 1876.

Ed. Popper, *Gewerbliche Hilfskassen und Arbeiterversicherung.* Leipzig, 1880.

A. E. Fr. Schäffle, *Der korporative Hülfskassenzwang.* (2ᵉ édit.), Tübingen, 1885.

P. de Lafitte, *Essai d'une théorie rationnelle des sociétés de secours mutuels*, 1888.

M. v. der Osten, *Die Arbeiterversicherung in Frankreich.* Leipzig, 1884.

J. M. Baernreither, *Die englischen Arbeiterverbände.* 1ᵉʳ vol. Tübingen, 1886. (Traduction anglaise, 1890).

A. Villard, *Les sociétés de secours mutuels*, 1889.

T. Bödiker, *Die Arbeiterversicherung in Europstaaten.* Leipzig, 1895.

C. F. Ferraris, *La disoccupazione e l'assicurazione degli operai* (Dans la *Nuova Antologia*, 1ᵉʳ et 16 janvier 1897).

§3. Caisses de retraite.

Les caisses de retraite, fondées comme les sociétés de secours mutuel sur le double principe de l'*épargne* et de l'*assurance*, en diffèrent :

1° Par la différence du *but*, parce qu'elles visent exclusivement à constituer des *pensions* pour les sociétaires *vieux* et *invalides*, et parfois aussi pour les *veuves* et pour les *orphelins* ;

2° Par le montant *toujours inégal* des cotisations, conséquence des *différences* de cas (âge *différent* des sociétaires) auxquels elles doivent pourvoir ;

3° Par les difficultés beaucoup plus grandes d'*établissement*, qui exigent des connaissances *mathématiques*, et d'*administration*, qui font beaucoup plus sentir la nécessité du *patronage* d'hommes probes et experts.

Certaines caisses de retraite, à la différence des caisses de retraite ordinaires (à *fonds perdu*), laissent aux sociétaires et à leurs héritiers la propriété des sommes qu'ils ont versées (*capital réservé*). Comme on ne distribue alors que l'*intérêt composé* des cotisations payées, les pensions sont *faibles*, sauf le cas de *cotisations élevées*, mais dans ce cas la *caisse* ne peut être accessible qu'à des personnes relativement aisées.

BIBLIOGRAPHIE.

Ph. Fischer, *Grundzüge des auf menschliche*

Sterblichkeit gegründeten Versicherungswe--sens, 1860.

E. Fano, *Delle pensioni per la vecchiezza,* etc. Milano, 1863.

Ad. Soetbeer, *Staatliche Leibrenten,* etc. (Dans l'*Arbeiterfreund,* 1874).

L. Brentano, *Die Arbeiterversicherung,* etc. Leipzig, 1879.

J. Dallemagne, *Etude sur les pensions ouvrières d'invalidité et de vieillesse.* Liège, 1897.

CHAPITRE XI

SOCIÉTÉS COOPÉRATIVES

Les *sociétés coopératives*, créations *autonomes* d'ouvriers et de *petits entrepreneurs*, tendent à leur procurer des conditions meilleures d'*habitation*, de *vêtement*, de *crédit* et d'*exercice individuel* ou *collectif* des *différentes industries*.

Il faut mentionner notamment les sociétés de *constructions*, de *crédit*, de *production*, et la *participation au produit*.

§ 1. Sociétés de constructions.

Les *sociétés de constructions* tendent à procurer aux sociétaires l'*usage* d'*habitations saines* et à *bon marché*, ou même à leur en faciliter l'*achat* ou la *construction* au moyen de payements échelonnées et d'une garantie *hypothécaire*.

Le capital se forme au moyen de cotisations périodiques des sociétaires, employées en *subventions* à ceux qui veulent construire, ou à

13

l'achat du *terrain*, ou à la *construction* des maisons.

Là où le terrain n'est pas trop cher, on doit préférer aux *grandes casernes* ouvrières les *petites maisons* avec jardin, habitées par une seule famille ou par un petit nombre de familles, avec entrées séparées. Il est vrai qu'avec les premières il y a une économie dans la dépense ; mais d'ordinaire elles sont l'occasion de disputes et d'autres désordres, que ne peut pas toujours prévenir une *discipline* rigoureuse et vexatoire ; de plus elles ne peuvent pas devenir facilement la propriété des ouvriers qui les habitent.

§ 2. Sociétés de consommation.

Les *sociétés coopératives de consommation* achètent *en gros* des denrées de consommation courante (*comestibles*, *combustibles*, etc.), pour les revendre *au détail* aux sociétaires, en leur procurant les *avantages économiques* de la consommation *collective*, sans les *inconvénients moraux* de la vie en *commun*.

Le *capital* se forme au moyen de cotisations *périodiques*, obligatoires pour les associés, qui reçoivent un *intérêt* pour les sommes *versées* et qui doivent aussi payer un *droit d'entrée* pour augmenter le *fonds de réserve*, destiné à remédier aux pertes éventuelles.

Les *profits*, qui résultent des achats en gros

et, quand cela est possible (directement ou au moyen d'une société coopérative *centrale*), aux producteurs et au comptant, comme aussi des reventes au détail aux *prix courants* et également ment *au comptant*, sont distribués périodiquement aux sociétaires en raison de leurs consommations.

Les sociétés fidèles à ces principes et dirigées par des gérants honnêtes, habiles et actifs, réussissent admirablement quand elles s'occupent de la vente de produits *communs* et dont les prix ne sont pas *trop variables*.

D'autres sociétés, organisées selon des règles peu différentes, achètent *en gros* des *matières premières* pour les revendre aux sociétaires qui exercent la même profession, ou bien elles *louent* des machines qu'elles prêtent *alternativement* à chacun, ou bien elles louent finalement un *magasin* où elles réunissent les produits à vendre pour le compte des sociétaires, procurant ainsi aux *petites* entreprises certains avantages des *grandes* entreprises.

§ 3. Sociétés de crédit.

Les *sociétés de crédit mutuel* (*banques populaires*) sont utiles aux *artisans*, aux *petits entrepreneurs* et, avec de sages précautions (*prêts d'honneur*), même aux *ouvriers*.

Avec *leur* capital, formé au moyen des petites cotisations périodiques des sociétaires et avec

les capitaux que, par suite de la *confiance* inspi-
rée par l'association, elles obtiennent des tiers
(par des *prêts*, des *dépôts*, des *comptes-courants*),
ces banques font des prêts à courte échéance à
leurs sociétaires, moyennant la garantie personnelle ou réelle, et en percevant un intérêt un
peu plus élevé que le taux courant.

Le *profit* (*dividende*) est distribué aux associés,
en raison du capital *versé*, après prélèvement
d'une part pour le *fonds de réserve*, qui, alimenté
également par les *droits d'entrée* des nouveaux
associés, sert au remboursement des *pertes éventuelles*.

Une administration honnête, prudente et ac-
tive, et surtout la prudence dans les *prêts* et la
modération dans les *emprunts*, contribuent au
succès des banques populaires, qui sont des *caisses d'épargne perfectionnées* par la *mutualité*.

§ 4. Sociétés de production.

Les *sociétés de production* sont la forme la
plus *élevée*, mais la plus *délicate* de la coopération. Elles sont constituées par des ouvriers ou
des *artisans*, qui, mettant en commun leur *travail* et leurs petits *capitaux*, se font *entrepreneurs*, assumant tous les risques de la production pour jouir de *tout* le *profit*.

Les *difficultés* les plus graves dont elles doivent
triompher concernent la *formation* du capital,

qui n'est constitué qu'avec des sacrifices péni-
bles, l'acquisition de la *clientèle*, la *concurrence*
puissante des *entreprises* formées par les capitalistes, la recherche d'un *critérium équitable* et
opportun pour la *répartition* du profit, et le choix
d'un *gérant* qui sache *diriger l'entreprise* et
maintenir la *discipline* sans éveiller l'*envie des
sociétaires.*

Si l'on doit, surtout dans les débuts, avoir
recours aux capitaux étrangers, les difficultés
deviennent plus lourdes encore, par suite de la
méfiance des capitalistes et des dangers inhérents aux emprunts faits à des sociétés de consommation et de crédit.

Quand cependant les sociétés de production
peuvent prospérer grâce au *petit nombre* des
associés, patients, laborieux, à l'habileté et à
l'honnêteté du gérant, *révocable* en droit, mais
permanent en fait, et à la nature des industries
qu'elles exercent, n'exigeant pas de grands capitaux et ne faisant pas courir de trop grands risques, elles présentent de grands avantages *intellectuels, moraux* et *économiques*, elles impriment
au travail le *maximum* d'énergie, offrent au capital un emploi direct, et donnent à l'ouvrier les
moyens d'améliorer sa condition d'une façon
durable.

Les *boulangeries*, les *laiteries* marquent le
passage de la coopération de consommation à
la coopération de production.

§ 5. Participation au produit

Certains *entrepreneurs* accordent des *gratifications* à leurs ouvriers, à ceux que signa-
lent la *qualité* de leurs services, leur mérite, ou
leur ancienneté ; certains les associent au produit *brut* ou au produit *net* de l'entreprise.

Dans la *participation* au *produit brut* les ouvriers reçoivent, outre leur *salaire*, des *primes*
proportionnelles à la production *plus grande*
ou *meilleure*, ou à l'*économie de capital* ou au
montant des *ventes individuelles* ou *totales*, ou
à n'importe quel autre élément du produit brut.

Dans la *participation au produit net* les ouvriers reçoivent au contraire, outre leur salaire,
par simple *libéralité* ou en vertu d'un *contrat*,
une *part prédéterminée* du *profit* total, ou de la
partie de celui-ci qui dépasse un certain *minimum*.
Les sommes fournies par la *participation*
sont employées collectivement dans des *établissements de prévoyance*, administrés et *subven-
tionnés* par l'entrepreneur, ou bien attribuées *in-
dividuellement* à chacun des *ouvriers*, soit qu'on
les distribue en *argent* à la fin de l'*exercice*, soit
qu'on les emploie en tout ou en partie en *livrets
d'épargne* ou en *pensions viagères*, ou qu'on les
destine à l'achat *obligatoire* ou *facultatif* d'actions, *souvent inaliénables*, de l'entreprise elle-
même, dont les ouvriers deviennent ainsi des
associés (sans avoir part à la direction) et dont

ils reçoivent, comme *capitalistes*, une autre part du profit.

Cependant ce dernier emploi, qui stimule à un haut degré l'activité de l'*ouvrier actionnaire*, à l'inconvénient d'être doublement *aléatoire*, parce que, en cas de *crise*, il frappe l'ouvrier dans son *travail*, qui vient à cesser, et dans son *capital*, destiné précisément à faire face à des *besoins extraordinaires*.

La participation n'est pas *toujours* applicable, et elle est tout à fait *inutile* pour les ouvriers dont le travail n'influe en rien, ou fort peu, sur le profit.

Quand elle est applicable, elle diminue les contestations entre les ouvriers et les entrepreneurs et, par conséquent, les grèves ; elle augmente la quantité de travail et en améliore la qualité ; elle excite les ouvriers à faire un meilleur emploi des matériaux et des instruments, et facilite leurs épargnes. Ces avantages sont plus considérables dans les industries dont le profit dépend, bien plus que du capital et de la direction, de l'habileté et de la conscience d'ouvriers travaillant séparément les uns des autres et que l'on ne peut pas facilement surveiller.

La participation aux bénéfices peut être considérée comme une forme *semi-coopérative* et comme un acheminement vers les *sociétés de production*, qui, si elles donnent des bénéfices plus grands, exigent toutefois des qualités *intel-*

lectuelles et *morales* supérieures à la moyenne et ne peuvent s'appliquer par conséquent qu'à un nombre encore plus restreint d'ouvriers.

II.

§ 6. Partage du produit.

Le *partage du produit* (*brut* ou *net*) remplace le *salaire* dans certaines *entreprises*, dans lesquelles le *propriétaire* ou le *capitaliste* associe ses ouvriers dans les *profits* et dans les *pertes*.

Elle n'est applicable qu'à des ouvriers d'une catégorie plus élevée, qui ont l'*énergie* et les *moyens* nécessaires pour se soumettre aux risques de l'entreprise ; elle convient notamment à ceux dont le travail *intellectuel* influe notablement sur le profit.

Dans certains cas spéciaux, comme la *pêche à la baleine* et le *colonat partiaire*, la force de la *coutume* qui détermine les critères de la *répartition* et l'assistance que l'entrepreneur, à l'occasion, prête à l'ouvrier, en étendent le *champ d'application*.

BIBLIOGRAPHIE

V. A. Huber, *Reisebriefe aus Belgien, Frankreich und England,* etc. Hamburg, 1855. Deux volumes.

E. Pfeiffer, *Ueber das Genossenschaftswesen.* Leipzig, 1863.

E. Véron, *Les associations ouvrières de consommation, de crédit et de production*, etc., 1865.

J. Simon, *Le travail* (7° édit., 1870).

H. Cernuschi, *Illusions des sociétés coopératives*, 1886.

Em. Nazzani, *Le associazioni cooperative* (Dans l'*Industriale Romagnolo*. Forli, 1868-69.)

H. Schulze-Delitzch, *Die Entwickelung des Genossenschaftswesens*, 1870.

W. Pare, *Cooperative Agriculture*, 1860.

K. Birnbaum, *Das Genossenschaftsprincip in Anwendung in der Landwirthschaft*. Leipzig, 1870.

C. W. Stubbs, *Land and labourers*, 1884.

H. W. Wolff, *Cooperation in agriculture* (Dans la *Contemporary Review*, octobre 1895).

G. Holyoake, *The history of Co-Operation in England*, 1875-79. Deux volumes.

Ch. Barnard, *Co-Operation as a business*. New-York, 1881.

Enquête de la Commission extraparlementaire des associations ouvrières, 1883-85. Trois volumes.

P. Hubert-Valleroux, *Les associations coopératives*, etc., 1884.

U. Rabbeno, *La cooperazione in Italia*. Milano, 1886.

Ch. Lagasse, *Les sociétés coopératives*. 2° édit. Bruxelles, 1887.

F. Schenck, *Jahresbericht für 1891*. Leipzig, 1892.

J. Piernas y Hurtado, *El movimiento coopera-tivo*, 1890.

H. Crüger, *Die Erwerbs-und Wirthschaftsge-nossenschaften*, etc. Jena, 1892.

P. Leroy-Beaulieu, *La coopération* (Dans la *Revue des Deux Mondes*, 1er Novembre 1893).

A. Knittel, *Beiträge zur Geschichte des deut-schen Genossenschaftswesens*. Freiburg i. Br., 1895.

§ 1. Sociétés de constructions.

Art. Scratchley, *Treatise on benefit building societies* (3ᵉ édit., 1858).

Th. Jones, *Every man his own landlord*, etc., 1863.

J. Hole, *The homes of the working classes*, etc., 1866.

Huber, Brämer und Parisius, *Die Wohnungs-frage*, etc., 1866.

A. Penot, *Les institutions privées du Haut-Rhin*, 1867.

E. Sax, *Die Wohnungszustände der arbeiten-den Klassen*. Wien, 1869.

E. v. Plener, *Englische Baugenossenschaften*. Wien, 1873.

E. Engel, *Die moderne Wohnungsnoth*. Leipzig, 1873.

E. Reichhardt, *Die Grundzüge der Arbeiter-wohnungsfrage*, 1885.

A. Raffalovich, *Le logement de l'ouvrier et du pauvre*, 1887.

O. Trüdinger, *Die Arbeiterwohnungsfrage*. Jena, 1888.

§.2. Sociétés de consommation.

Ed. Pfeiffer, *Die Consumvereine*. Stuttgart, 1865 (2ᵉ édit., 1869).

Eug. Richter, *Die Consumvereine*, 1867.

F. Schneider, *Taschenbuch für Consum-Vereine*, 1883.

Ant. Rouillet, *Des associations coopératives de consommation*, 1876.

U. Rabbeno, *La cooperazione in Inghilterra*. Milano, 1885.

I. Pizzamiglio, *Le società cooperative di consumo*. Milano, 1891, (Trad. anglaise, 1891).

G. Trémerel, *Des sociétés coopératives de consommation*, 1894.

§. 3 Sociétés de crédit.

Van der Heym, *De Hulpbank*, etc. Amsterdam, 1854.

H. Schulze-Delitzsch, *Vorschuss-und Creditvereine als Volksbanken*. Leipzig, 1855 (5ᵉ édit., 1876.) 6ᵉ éd. de H. Crüger, Breslau, 1897. Traduct. italienne, Venezia, 1871.

P. P. Abrial, *Du crédit et des institutions de crédit*, etc., 1863.

L. Luzzatti, *La diffusione del credito e le banche popolari.* Padova, 1863.

A. Batbie, *Le crédit populaire,* 1864.

F. W. Raiffeisen, *Die Darlehnskassen-Vereine,* etc. Neuwied, 1866 (5e édit., 1887).

Ad. Held, *Die ländlichen Darlehnskassen-Vereine,* etc. Jena, 1869.

Aug. Montanari, *Il credito popolare.* Padova, 1874.

G. Fortunato, *Delle società cooperative di credito.* Napoli, 1875. (2e édit. Milano, 1877).

L. Luzzatti, *Il credito popolare in Italia nel 1880.* Roma, 1882.

E. Levi, *Le banche popolari cooperative italiane.* Milano, 1883. (2e édit., 1886).

L. Wollemborg, *Le casse cooperative di prestiti.* Padova, 1884.

H. W. Wolff, *People's banks,* 1893 (2e édit., 1896).

Ch. Rayneri, *Manuel des banques populaires,* 1896.

§ 4. Sociétés de production.

S. Engländer, *Geschichte der französischen Arbeiter-Associationen.* Hamburg, 1863-64 (quatre volumes).

Buchez, *L'Européen,* 1831-32.

Aug. Ott, *Des associations ouvrières,* 1849.

L. R. Villermé, *Des associations ouvrières,* 1849.

A. Cochut, *Les associations ouvrières*, 1851.

H. Feugueray, *L'association ouvrière industrielle et agricole*, 1851.

A. Lemercier, *Etudes sur les associations ouvrières*, 1857.

A. E. Cherbuliez, *Les associations coopératives et le salariat* (Dans le *Journal des Economistes*, 1866).

A. Fläxl, *Die Produktivgenossenschaft*. München, 1872.

H. Schulze-Delitzsch, *Die Genossenschaften in
einzelnen Gewerbszweigen*. Leipzig, 1873
(Trad. franç., 1876-77. Deux volumes).

R. de Fontenay, *Les sociétés ouvrières de production* (Dans le *Journal des Economistes*, 1885.

U. Rabbeno, *La società cooperative di produzione*. Milano, 1889.

A. Garelli, *Sull' ordinamento dei sindacati agri-
coli*. Torino, 1892.

H. Häntschke, *Die gewerbliche Produktivgenos-
senschaften in Deutschland*. Charlottenburg,
1894.

B. Jones, *Cooperative production*, etc. Oxford,
1894. Deux volumes.

§ 5. Participation au produit

L. Brentano, *Das Industrial Partnership-Sys-
tem*. Augsburg, 1868.

Ch. Robert, *La suppression des grèves par l'association aux bénéfices. 1870 (2 édit., 1886).

Jul. Le Rousseau, *De l'association de l'ouvrier aux bénéfices du patron*, 1870 (2e édit., 1886).

E. v. Plener, Weigert, etc., *Ueber Betheiligung der Arbeiter am Unternehmergewinn*. Leipzig, 1864.

A. Kerdijk, *Het industrial partnership of participatiestelsel* (Dans la revue *de Economist*. Amsterdam, février 1874, pag. 127-169).

Ch. Robert, *Le partage des fruits du travail*, 1875.

P. Manfredi, *Della partecipazione dell' operaio al profitto dell' impresa* (Dans le *Giornale degli Economisti*, 1876).

V. Böhmert, *Die Gewinnbetheiligung*. Leipzig, 1878. Deux volumes (Traduction de P. Manfredi, avec préface de L. Luzzati. Milano, 1880).

A. Fougerouse, *Patrons et ouvriers de Paris*, 1879.

Bulletin de la participation aux bénéfices, 1879-96 (18 volumes).

S. Taylor, *Profit-sharing between capital and labour*, 1884.

H. Frommer, *Die Gewinnbetheiligung*, etc. Leipzig, 1886.

N. P. Gilman, *Profit sharing*, etc. Boston, 1889.

Alb. Cazeneuve, *Les entreprises agricoles et la participation du personnel aux bénéfices*, 1889.

Congrès international de la participation aux bénéfices, 1890.

J. Lowry Whittle, *Report to the Board of trade on profit sharing*, 1891.

A. Gibon, *La participation*, 1892.

L. Steinbrenner, *Die Betheiligung der Arbeiter am Unternehmergewinn*, etc. Heidelberg, 1892.

F. Orejon, *Capital y trabajo*, etc. Tome I, 1893.

L. Cossa, *La partecipazione degli operai al profitto, Saggio bibliografico* (Dans le *Giornale degli Economisti*, août 1894).

M. Mascarel. *Etude sur la participation aux bénéfices.* Angers, 1894.

D. F. Schlos, *Report on gain-sharing*, 1895.

R. Einhauser, *Die Gewinbetheiligung*, etc. (Dans *Zeitschr. für die ges. Staatswiss.* Tubingen, 1898.

E. Waxweiler, *La participation aux bénéfices*, 1898.

N. Vanlaer, *La participation aux bénéfices*, 1898.

QUATRIÈME SECTION

Consommation de la richesse

———

CHAPITRE PREMIER

NOTION DE LA CONSOMMATION

La *consommation* de la richesse consiste dans l'*usage*, c'est-à-dire dans l'*emploi* qu'on en fait pour la *satisfaction directe* des *besoins*.

La consommation, comme la production, se rapporte à l'*utilité* et non à la *matière*, que l'homme ne peut ni *créer*, ni *détruire*, mais seulement *modifier*.

La consommation est donc, au point de vue *économique*, un acte *immatériel*, comme est *immatérielle* l'*utilité* à laquelle elle se réfère.

Il ne faut pas confondre avec la consommation la *destruction* d'utilité, faite par la *nature* ou par l'*homme*, au *désavantage* du consommateur.

La *consommation* est le *but* de la production, parce que l'homme *produit pour vivre* et *ne vit pas pour produire*.

Même pour la consommation le *progrès* consiste à diminuer le rapport entre l'*utilité consommée* et la *satisfaction* obtenue. Il se ramène ici aussi à un des *aspects économiques* de la *loi du moindre effort*.

La consommation se présente sous des espèces *variées*.

Au point de vue de la *personne* des consommateurs, on distingue :

1° Les consommations *publiques*, c'est-à-dire faites par l'*Etat*, le *département* ou la *commune* ;

2° Les consommations *privées*, c'est-à-dire faites par d'autres personnes *individuelles* ou *collectives*.

Au point de vue du *temps*, les consommations sont de courte ou de longue durée.

Au point de vue des *conditions économiques* des consommateurs (*patrimoine* et *aptitudes productives*), on distingue :

1° Les consommations *avantageuses* (*inférieures au revenu*) ;

2° Les consommations *indifférentes* (*égales au revenu*) ;

3° les consommations *dommageables* (*supérieures au revenu*).

L'opinion vulgaire encourage, dans tous les cas, les *consommations*, qu'elle considère comme des *stimulants* pour la production, et elle blâme les *épargnes*, qu'elle ne considère que dans le stade *négatif* de l'*accumulation* et non dans le stade *positif*, qui implique toujours une excitation à la production.

L'économie *publique*, d'accord avec l'économie *privée*, pose certaines *règles* générales au sujet des consommations. Elle recommande :

1° La *juste proportion* entre les *productions* et les *consommations* ;

2° La *modération* et l'*ordre* dans les consommations, de façon que la satisfaction des *besoins* les plus *essentiels* à la *conservation* et au *perfectionnement* de l'homme aient toujours la préférence ;

3° La préférence des consommations qui, à *satisfaction égale*, ont une *durée plus longue* (meubles, livres, tableaux, etc.) ;

4° La préférence des *consommations* faites *en commun*, lorsqu'aucune raison *morale* ne s'y oppose ;

5° L'usage prudent des consommations *à crédit*, notamment pour les classes les moins aisées.

Même au point de vue de la consommation les principes de l'*économie* s'accordent avec ceux de la *morale*, parce qu'il est démontré que les consommations que la morale *réprouve*, au point de vue de leur résultat *final*, sont toujours économiquement *nuisibles*.

Le *luxe*, c'est-à-dire la consommation de choses *coûteuses* et en même temps *superflues*, s'il est *modéré*, raffine le *goût* et donne, sinon la *richesse*, du moins le *bien être*. S'il est *excessif* et notamment s'il porte sur les choses *frivoles*, ou *physiquement* et *moralement nuisibles*, il est un symptôme de l'*égoïsme* et de la *vanité* des

riches ; il se propage par *imitation* et par *envie*
dans les classes les *moins aisées* ; il diminue le
capital et par conséquent le *travail* ; il prépare
la décadence *économique* et *morale* des États.

<h2 style="text-align:center">BIBLIOGRAPHIE</h2>

W. Lexis, *Die volkswirtschaftliche Consumption* (Dans l'*Handbuch* de Schönberg, 4ᵉ édit.
Vol. I. Tübingen, 1896, pag. 789-826).

C. W. de Lacy Evans, *Consumption*, etc., 1881.

Fr. Vorländer, *Ueber das ethische Princip der
volkswirthschaftlichen Consumption* (Dans
Zeitschr. f. die ges. Staatswiss., 1857-58).

S. N. Patten, *The consumtion of wealth*, Philadelphia, 1889.

E. Cossa, *Del consumo delle richezze.* Vol. II :
Teoria del consumo. Bologna, 1898.

W. Smart, *Effects of consumption of wealth
on distribution* (Dans *Annals of the American Academy*, etc. Philadelphia, novembre
1892).

K. H. Rau, *Ueber den Luxus.* Leipziz, 1817.

W. Roscher, *Ueber den Luxus* (Dans ses *Ansichten der Volkswirthschaft.* Leipzig, 1861, pag.
399 et suiv.).

H. Baudrillart, *Histoire du luxe*, etc., 1878-
1880. Quatre vol.

CHAPITRE II

L'*équilibre* entre la production et la consommation peut être *temporairement* troublé par des *crises*, c'est-à-dire par des *disettes* ou des *encombrements partiels*. Les crises concernent, soit les *céréales* (*crises annonaires*), soit les autres produits (*crises commerciales*), la *monnaie* (*crises monétaires*) ou ses *substituts* (*crises du crédit*).

Les *causes* de la crise peuvent se ramener à trois *catégories*, suivant qu'elles se rapportent à la *consommation*, à la *production*, ou à la *circulation*.

La *consommation* peut varier ;

1° En *quantité*, par suite de *désordres* qui arrêtent le cours des affaires (*guerres, révolutions,* etc.)

2° En *qualité*, notamment par l'effet de la *mode*, et pour les objets de *luxe*.

La *production* peut varier :

1° En *augmentant*, par suite

a) D'*inventions* et de *découvertes industrielles*;

b) De *spéculations* exagérées et imprudentes.

2° En *diminuant*, par suite

a) Du manque des produits (notamment des *matières premières* et des *denrées alimentaires*) ;

b) De la *conversion* excessive ou trop *rapide* du capital *circulant* en capital *fixe.*

La *circulation* peut varier :

1° Dans le *marché,* subitement restreint par la *fermeture des débouchés* habituels, ou par la présence de *concurrents* nouveaux ;

2° Dans les *moyens d'échange,* c'est-à-dire dans la *monnaie* et dans les *titres de crédit* ;

3° Dans les *moyens de transport* et de *communication,* dont le *manque* produit les crises ou les aggrave.

Le *progrès économique,* en tant qu'il répand l'*instruction* et perfectionne les *moyens de transport* et de *communication,* tend à *atténuer* les crises : en tant qu'il pousse à la *division du travail,* à l'emploi *des machines,* qu'il concentre les *capitaux* et qu'il étend les *entreprises,* qui produisent pour un *marché* toujours plus *vaste* et sur des *bases conjecturales,* il tend à les *aggraver.*

En général on peut dire que les crises sont devenues plus *générales,* plus *fréquentes* et presque régulièrement *périodiques* : elles sont cependant moins *intenses* et toujours de *moindre durée.*

Le *développement* de la crise présente des *phases* variées et se manifeste par des *symptômes* qui ont une certaine *constance* et une certaine *régularité*

Le *cours des changes* hausse, la *réserve métal-lique* des banques diminue, le taux de l'*escompte* s'élève, les *prix* des *marchandises* baisse, les *liquidations* et les *faillites* s'accumulent, le *crédit* se resserre, la *production* languit, les *grèves* deviennent fréquentes et la *misère* de la classe ouvrière se généralise.

Les *moyens indirects*, plus que les autres, contribuent à *prévenir* et à *atténuer* les effets des crises. Ce sont l'*instruction*, l'*éducation*, la *liberté*, le perfectionnement des *moyens de transport* et de *communication*, la bonté du *système monétaire*, la "solidité des *établissements de crédit*, et en particulier l'action des *grandes banques de circulation*, qui, par la modération dans les *émissions* des titres fiduciaires et par l'*élévation* de l'*escompte* dans les moments de *spéculation* excessive afin de conserver une *réserve métallique* suffisante, base sûre de la circulation, rendent les crises *moins aiguës* en faisant crédit aux entrepreneurs qui offrent de bonnes garanties de solidité.

BIBLIOGRAPHIE

D. A. Portielje, *An fieri possit, ut tot res novae conficiantur ut vendi amplius non possint.* Amstelodami, 1834.

C. Juglar, *Des crises commerciales et de leur retour périodique*, 1862 (2° édit., 1889).

14

E. de Laveleye, *Le marché monétaire et les crises depuis cinquante ans*, 1866.

M. Wirth, *Geschichte der Handelskrisen* (3e édit. Frankfurt a. M., 1883).

G. Della Bona, *Delle crisi economiche*. Torino, 1888.

K. Wasserrab, *Preise und Krisen*. Stuttgart, 1889.

G. Montemartini, *La teorica delle crisi*. Pavia, 1891.

E. v. Bergmann, *Geschichte der Nationalökonomischen Krisentheorieen*. Stuttgart, 1895.

TABLE DES MATIÈRES

À LA MÊME LIBRAIRIE

CROCE (Benedetto). — Matérialisme historique et Economie marxiste (Essais critiques), traduit par Alfred Bonnet. 1901. Un volume in-18 . . . . 3 fr. 50

FERRI (E.), *professeur à la Faculté de Rome.* **Socialisme et science positive** (Darwin-Spencer-Marx). 1897. 1 volume in-8, ... 4 fr. »

MARX (Karl) et Fr. ENGELS. — Manifeste du parti communiste. Nouvelle édition française autorisée avec les préfaces des auteurs aux éditions allemandes. Traduction de Laura Lafargue, revue par Engels. 1901. Un petit vol. in-18 (72 pages) . . . . 0 fr. 20

   — **Prix, salaires, profits.** 1899. Une broch. in-8 . . . . 0 fr. 50

RAE (John). — La Journée de huit heures. Théorie et étude comparée de ses applications et de leurs résultats économiques et sociaux. 1900. Un volume in-8 . . . . 6 fr. »

SOMBART (Werner), *professeur à l'Université de Breslau.* **— Le socialisme et le mouvement social au XIXe siècle,** 1 volume in-18 . . . . 2 fr. »

BIBLIOTHÈQUE INTERNATIONALE D'ÉCONOMIE POLITIQUE

(SÉRIE IN-8)

COSSA (Luigi), professeur à l'Université de Pavie. — **Histoire des doctrines économiques**, traduit par Alfred BONNET, avec une préface de A. DESCHAMPS, 1899. 1 volume in-8, avec reliure de la Bibliothèque : 11 francs. Broché. . . . . 10 fr. »

ASHLEY (W. J.), professeur d'histoire économique à Havard University. — **Histoire et Doctrines économiques de l'Angleterre**. Tome I. *Le Moyen Age*, traduit par P. BONDOIS. Tome II. *La Fin du Moyen Age*, traduit par S. BOUYSSY, 1900. 2 volumes in-8, avec reliure de la Bibliothèque : 17 fr. Broché. . . . . 15 fr. »

SÉE (H.), professeur d'histoire à l'Université de Rennes. — **Les classes rurales et le régime domanial au moyen-âge en France**, 1901. 1 vol. in-8, avec reliure de la Bibliothèque, 13 fr. Broché. . . . . 12 fr. »

CAIRNES (J. E.), professeur d'économie politique à l'University College de Londres — **Le Caractère et la méthode logique de l'Economie politique**. Traduit sur la 2e édit. par G. VALRAN, docteur ès-lettres, 1901. 1 vol. in-8, avec reliure de la Bibliothèque : 6 fr. Broche. . . . . 5 fr. »

CARROLL D. WRIGHT, commissaire du Travail des Etats-Unis. — **L'Evolution industrielle des Etats-Unis**, traduit par F. LEPELLETIER, avec une Préface de E. LEVASSEUR, membre de l'Institut, 1901. 1 vol. in-8. Relié : 8 fr. Broché. . . . . 7 fr. »

SCHMOLLER. — **Questions fondamentales d'Economie politique et de Politique sociale**, 1901. 1 vol. in-8, avec reliure de la Bibliothèque : 8 fr. Broché. . . . . 7 fr. »

BOHM-BAWERK. — **Histoire critique des théories du capital et de l'intérêt**, 1901. 1 vol. in-8, avec reliure de la Bibliothèque : 11 fr. » Broché. . . . . 10 fr. »

SMART (W.), professeur d'économie politique à l'Université de Glascow. — **La répartition du Revenu National** (Distribution of Income). Traduit avec l'autorisation de l'auteur par Georges GUEROULT, avec une préface de P. LEROY-BEAULIEU, membre de l'Institut, 1902. Un vol. in-8, avec reliure de la Bibliothèque. 8 fr. Broché. . . . . 7 fr. »

(SÉRIE IN-18)

MENGER (Anton), professeur de droit à l'Université de Vienne. — **Le droit au produit intégral du travail** (essai historique), traduit par Alfred BONNET, avec une préface de Charles ANDLER, 1900. 1 vol. in-18, avec reliure de la Bibliothèque : 4 fr. Broché. . . . . 3 fr. 50

PATTEN (S. N.), professeur d'économie politique à l'Université de Pensylvanie. — **Les fondements économiques de la protection**, traduit par F. LEPELLETIER, avec une préface de Paul CAUWES. 1899. 1 vol. in-18, avec reliure de la Bibliothèque : 3 fr. Broché. . . . . . . 2 fr. 50

BASTABLE (C. F.), professeur à l'Université de Dublin. — **La théorie du commerce international**, traduit et précédé d'une introduction par SAUVAIRE-JOURDAN, 1900. 1 vol. in-18, avec reliure de la Bibliothèqeu : 3 fr. 50. Broché. . . . . 3 fr. »

LAVAL. — IMPRIMERIE PARISIENNE, L BARNÉOUD & Cie.

www.ingramcontent.com/pod-product-compliance
Lightning Source LLC
Chambersburg PA
CBHW071629200326
41519CB00012BA/2216